広げる知の世界

大学でのまなびのレッスン

北尾謙治
実松克義
石川有香
早坂慶子
西納春雄
朝尾幸次郎
石川慎一郎
島谷 浩
野澤和典
北尾 S. キャスリーン

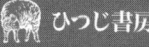
ひつじ書房

もくじ

はじめに ──────────── 北尾謙治
- 本書の目的 ──── ii
- 本書の構成 ──── iii
- 付属のCD-ROM ──── iii
- 謝辞 ──── iii

第1章 大学の魅力 ──────────── 実松克義
- はじめに──大学の起源 ──── 2
- 大学はどういうところか ──── 3
- なぜ大学に行くの？ ──── 4
- 大学での勉強──高校までとどう違うのか ──── 5
- 大学でしかできないこと ──── 6
- 学問するってつまらない？ ──── 7
- 大学の魅力──教授陣、カリキュラム ──── 8
- 図書館──知識の泉 ──── 10
- グローバル化する大学教育 ──── 12
- おわりに ──── 13
  - まとめ ──── 13

第2章 有意義な大学生活と学習・研究 ──────────── 北尾謙治
- はじめに ──── 16
- 大学と高等学校の違い ──── 16
- 大学でいかに学習・研究するか ──── 17
- 大学生活の目標 ──── 18
  - 課題1 大学生活の目標 ──── 18
  - 課題2 日記 ──── 20
- タイムマネジメント ──── 21
  - 課題3 1週間の生活 ──── 22
- スタディースキル ──── 24
  - まとめ ──── 24
- ［コラム］昔の大学と今の大学

第3章 大学の学習・研究の実際 ──────────── 石川有香
- はじめに ──── 26
- 履修と登録 ──── 26
- カリキュラム ──── 27
- クラスの種類 ──── 30
  - 課題1 クラスの種類 ──── 30
  - 課題2 自主学習時間 ──── 31
- 必修と選択 ──── 31
- 単位 ──── 32

　　　　　課題3　卒業に必要な単位 ────────────── 33
　　　　　課題4　本年度履修可能な単位と自習時間 ────── 34
　　クラスの受講 ─────────────────────── 34
　　　　　クラスのシラバス ─────────────── 34
　　　　　クラスの参加の仕方、聞き方 ─────────── 35
　　成績 ────────────────────────── 36
　　　　　まとめ ─────────────────── 37
　　［コラム］成績評価 ──────────────── 37

第4章　ノートの取り方 ──────────── 北尾謙治

　　はじめに ──────────────────── 40
　　ノートの種類 ────────────────── 41
　　なぜノートを取るのか？ ────────────── 41
　　よいノートとは？ ───────────────── 42
　　使用する文具 ────────────────── 42
　　講義ノート ────────────────── 43
　　　　　講義の前に ─────────────── 43
　　　　　講義中に ─────────────── 43
　　　　　講義の後に ─────────────── 44
　　読書ノート ───────────────── 45
　　　　　読む前の作業 ────────────── 45
　　　　　読んでいる時の作業 ───────────── 45
　　　　　読み終わった後に ─────────────── 46
　　アウトライン ───────────────── 46
　　　　　講義ノート ──────────────── 46
　　講義ノートと読書ノートの連結 ──────────── 47
　　おわりに ────────────────── 47
　　　　　まとめ ─────────────── 48
　　　　　課題（2題） ──────────────── 48
　　　● ［コラム］現在の大学

第5章　大学生のための読解 ────────── 早坂慶子

　　はじめに ──────────────────── 50
　　関連知識(スキーマ)の整理と読む材料 ──────── 50
　　　　　読み物のタイプ ────────────── 51
　　　　　タイプに応じた形式 ─────────── 51
　　　　　筆者やトピックについての情報 ──────── 51
　　　　　リサーチの背景のための読み物 ────────── 52
　　　　　リサーチに直接役立つ読み物 ─────────── 52
　　　　　普段から情報を収集している読み物 ────────── 52
　　　　　文献 ────────────────── 52
　　読み方 ────────────────── 52
　　　　　インテンシブ・リーディング ───────── 53
　　　　　エクステンシブ・リーディング ───────── 53
　　　　　スキミング ─────────────── 53
　　　　　スキャニング ────────────── 54

アカデミック・リーディング ─── 54
　目的に合わせた読み方 ─── 56
　　　気楽に読むもの ─── 56
　　　レポートなどを書くために読むもの ─── 56
　内容整理 ─── 56
　　　付箋の利用 ─── 56
　　　ノートを取る ─── 57
　　　参考文献表を作る ─── 57
　　　要旨をまとめる ─── 58
　　　読書ノートを作る ─── 58
　読書習慣 ─── 58
　　　毎日読む ─── 58
　　　図書館に足繁く通う ─── 59
　　　色々な場所を活用する ─── 59
　おわりに ─── 59
　　　まとめ ─── 60
　　●［コラム］音読のすすめ
　　●課題

第6章　情報収集　　　　　　　　　　　　西納春雄

　はじめに ─── 62
　どのような目的でどのような情報を探しているのか ─── 63
　　　レポート作成の5つのプロセス ─── 63
　　　情報収集の目的と収集すべき種類を明確に ─── 63
　　　柔軟で臨機応変な情報収集を ─── 64
　どのような場所に情報があるのか ─── 65
　　　芋づる式の情報収集 ─── 65
　　　入り口はデジタル ─── 66
　　　文献検索システムをマスターしよう ─── 66
　情報を探す ─── 67
　　　図書館の利用 ─── 67
　　　インターネットと図書館 ─── 68
　　　インターネットの情報検索 ─── 68
　　　ディレクトリ・サービス ─── 68
　　　サーチ・エンジン ─── 69
　　　ディレクトリ・サービスとサーチ・エンジンの統合 ─── 70
　　　リソースリストとデータベース ─── 71
　その他の資料 ─── 73
　情報をどのように保存するか ─── 73
　おわりに ─── 74
　　　まとめ ─── 74
　　　課題 ─── 75

第7章　インターネット　　　　　　　　　　西納春雄

　はじめに ─── 78
　大学生活をサポートするインターネット ─── 79

　　　　インターネット利用の前に心得るべきこと ─── 79
　　　　情報交換 ─── 80
　　　　情報検索(学術資料) ─── 80
　　レファレンスツールとしてのインターネット ─── 81
　　　　情報の質と信頼性を検証する ─── 84
　　　　情報の質を見極める ─── 84
　　　　レファレンスツールとしてのインターネット(まとめ) ─── 85
　　コミュニケーションツールとしての電子メール ─── 86
　　　　基本的なマナー、ネチケット(Netiquette) その1 ─── 86
　　　　電子メールの常識・非常識、ネチケット(Netiquette) その2 ─── 87
　　　　従来メディアと併用して活用する ─── 88
　　おわりに ─── 88
　　　　まとめ ─── 89
　　　　課題 ─── 89

第8章　テーマの選び方　　　　　　　　　　　　　北尾謙治

　　はじめに ─── 92
　　テーマを考える時に重要なこと ─── 92
　　　　興味があること、研究や将来に有意義なこと、役立つこと ─── 92
　　　　経験や知識のあること ─── 92
　　　　詳しい情報を得られるもの ─── 93
　　　　これまでに研究されていないもの ─── 93
　　　　読者は誰か ─── 93
　　　　実施上の問題点 ─── 94
　　トピックを決める作業の手順 ─── 95
　　　　ブレインストーミング ─── 95
　　　　尋ねてみる ─── 95
　　　　参考資料に目を通すこと ─── 95
　　　　アウトラインを書く ─── 96
　　　　プロポーザルの書き方 ─── 96
　　プロポーザルの内容 ─── 97
　　おわりに ─── 97
　　　　まとめ ─── 98
　　　　課題 ─── 99
　　[コラム] 研究テーマの選び方 ─── 100

第9章　情報の整理　　　　　　　　　　　　　　朝尾幸次郎

　　はじめに ─── 102
　　一次資料と二次資料 ─── 102
　　数量的な情報の整理──日本に住む外国人居住者を例に ─── 103
　　　　データをグラフにして視覚化する ─── 104
　　　　課題1 ─── 106
　　　　データを加工する ─── 106
　　　　課題2 ─── 107
　　　　データを並べ替える ─── 108
　　　　課題3 ─── 110
　　　　課題4 ─── 110

質的な情報の整理――『あしながおじさん』を例に ― 110
　　　　　着想を生かす ― 111
　　　　　着想を形あるものに ― 112
　　　　　情報を見やすく提示する ― 113
　　　　　情報を読み解く ― 114
　　　　　課題5 ― 117
　　　　　まとめ ― 117
　　　［コラム］モールス符号はどうして決められたか ― 118

第10章　書くことの重要性　　　　　　　　　石川慎一郎

　　　はじめに ― 120
　　　「読む」ことから「書く」ことへ ― 120
　　　　　「読み書きそろばん」の重要性 ― 120
　　　　　書くことと教養 ― 120
　　　　　ビジネスと文章力 ― 121
　　　「書く」ことの意味 ― 121
　　　　　情報を伝える ― 121
　　　　　分かりやすく書く ― 122
　　　　　相手を説得する ― 123
　　　　　まとめ ― 125
　　　［コラム］書くことの重要性 ― 126
　　　　　課題 ― 125
　　　　🖫 課題のヒント

第11章　レポートや論文を書く　　　　　　　石川慎一郎

　　　はじめに ― 128
　　　大学生とレポート ― 128
　　　　　レポートの種類 ― 128
　　　　　レポートとは何か？ ― 128
　　　　　作文からレポートへ ― 129
　　　上手なレポートの書き方 ― 130
　　　　　課題を正確に理解する ― 130
　　　　　テーマの決め方 ― 130
　　　　　書くための準備 ― 132
　　　　　資料の収集 ― 132
　　　　　引用と剽窃 ― 134
　　　　　レポートの分量 ― 135
　　　　　読み直しと校正 ― 136
　　　　　卒論に向けて ― 137
　　　まとめ ― 139
　　　　　課題 ― 139
　　　［コラム］量と質 ― 140
　　　　🖫 課題のヒント

第12章　プレゼンテーション　　　　　　　　北尾謙治

　　　はじめに ― 142

プレゼンテーションとは？	142
プレゼンテーションをするための準備	143
準備を始める前に	143
目的を明確に	143
聴衆の考察	143
プレゼンテーションの準備	143
口頭と書面のプレゼンテーション	143
発表の構成	144
原稿の書き方	144
視聴覚資料	145
レジュメの作成	145
発表に適切な言葉の使用	146
聴衆参加型の発表	146
発表の練習	146
プレゼンテーションの実践	147
発表者の信頼度を高める	147
聴衆の反響	147
プレゼンテーションの仕方	147
おわりに	148
まとめ	148
課題	149
プレゼンテーションのチェックリスト	150
● プレゼンテーション評価シート	

第13章　テストの準備と受け方　　　　　　　　島谷　浩

はじめに	152
大学のテストの重要性	152
テストの種類や内容	153
テストの準備と受験	154
テスト時間割と学習スケジュールの作成	154
テスト勉強の戦略	154
テストの準備	155
テスト受験時の注意	156
論述問題への取り組み方	157
テスト後の対応	159
GPA制度・大学の成績評価改革	160
おわりに	161
まとめ	161
課題	162
● ［コラム］テストは要領？	

著者紹介　　　　　　　　　　　　　　　　　　　　　　　　　Ｉ

第14章　クリティカル・シンキング　　　　　　　　　　　北尾謙治

- はじめに ——— 164
- 考えることはつらいこと ——— 165
  - 考えようとしない学生 ——— 165
  - 感想を述べる学生 ——— 165
  - 考え、意思決定し、行動するのは面倒？ ——— 165
- クリティカル・シンキングとは？ ——— 166
  - よく考える態度 ——— 166
  - あなたのクリティカル・シンキングを評価してみましょう？ ——— 167
- 情報をどのように受け止め、発信するか？ ——— 167
  - 情報には意図がある ——— 167
  - 情報にはその対象者と目的のための作戦がある ——— 167
  - 理性と感情に訴える ——— 169
- 主張と証拠 ——— 169
  - 証拠とは？ ——— 169
  - 証拠の4段階のテスト ——— 170
  - よい証拠で主張をサポートする ——— 170
  - 意見と事実の相違 ——— 171
- 理性的な論理 ——— 171
  - 因果関係 ——— 171
  - リサーチにおける論理 ——— 172
- 上手にクリティカル・シンキングをするには？ ——— 173
  - クリティカル・シンキングの技術 ——— 173
    - 主張とそれをサポートする証拠 ——— 173
    - 論理の原因と結果 ——— 173
    - 頭の中でのノート取り ——— 173
    - 自分の説明のためのクリティカル・シンキング ——— 174
  - 議論やディベートの場合 ——— 174
    - 対立する議論 ——— 174
- おわりに ——— 175
  - まとめ ——— 175
- [コラム] 目に見えないチェックリストと物差し ——— 177

第15章　プレイジャリズム（剽窃）　　　　　　　　　　　北尾謙治

- プレイジャリズム（剽窃）とは何か？ ——— 178
- プレイジャリズムを避ける方法 ——— 179
- プレイジャリズムの例外 ——— 180
- どのようにしてプレイジャリズムを確実に防ぐか ——— 180
- おわりに ——— 181
  - まとめ ——— 181
  - 課題 ——— 182
- [コラム] 自分のオリジナリティー ——— 182

第16章　教授と知り合い、指導を受けよう ────── 北尾謙治

- はじめに ────── 184
- 教授とはどのような人？ ────── 184
  - 大学教授の種類と地位 ────── 184
  - 教授の資格と背景 ────── 185
  - 教授の研究歴と研究内容 ────── 185
  - 教育には熱心 ────── 186
  - 研究重視 ────── 186
  - 時間に拘束されない労働者 ────── 186
- 学生の教授に対する態度 ────── 187
  - よく知らない存在 ────── 187
  - 教授は学生の敵？ ────── 187
  - 個人指導を好まない学生 ────── 188
  - 教授と親密になることの必要性 ────── 188
- 教授から何を得るか？ ────── 188
  - 教授の持つ専門知識や情報 ────── 188
  - 研究方法 ────── 189
  - あなたに必要なアドバイス ────── 189
  - 教授の人生経験 ────── 189
  - 教授と個人的な関係を築く ────── 189
- 教授にどう接するか？ ────── 190
  - 積極的なクラス参加 ────── 190
  - 指導は原則対面 ────── 190
  - 頻繁に研究室を訪れる ────── 191
  - 教授にしかできないことのみを依頼する ────── 191
  - オフィスアワーの利用 ────── 192
  - 教授と知り合う方法 ────── 192
- 教授に対する礼儀 ────── 193
  - 礼儀正しく接する ────── 193
  - 教授との時間を無駄にしない ────── 193
  - 依頼すれば報告をする ────── 194
  - 丁寧な言葉遣い ────── 194
- おわりに ────── 194
- ［コラム］アメリカの教授と学生 ────── 195

第17章　パソコンの便利な利用法 ────── 西納春雄

- はじめに ────── 198
- パソコンと大学生活 ────── 198
- パソコンの購入法 ────── 199
  - Windows か Mac か ────── 199
  - デスクトップ ────── 199
  - ノート型 ────── 200
- 使いやすい環境を整えよう ────── 201
  - デスクトップの工夫 ────── 201
  - まずは、ウィルス対策ソフトウェア ────── 201
  - 2番目にタッチタイピング ────── 202

　　　　　3番目にショートカットキー ———— 203
　　　　　4番目に、かな漢字変換 ———— 203
　　　　　メールソフトの工夫 ———— 204
　　　　　Webブラウザの工夫 ———— 205
　　　　　ワープロソフトの工夫 ———— 207
　　　　　表計算ソフトの工夫 ———— 208
　　　　　エディタ ———— 210
　　　　　デジタル写真のレタッチ ———— 210
　　　オンラインソフトの利用 ———— 211
　　　おわりに ———— 212
　　　　　まとめ ———— 213
　　　　　課題 ———— 213
　　　［コラム］英語の勉強 ———— 215

第18章　ワープロの有効な利用方法　　　　　　　　　北尾謙治

　　　はじめに ———— 218
　　　どのコンピュータとソフトウェアを使用するか？ ———— 218
　　　ワープロとは何か？ ———— 220
　　　ワープロの長所 ———— 222
　　　ワープロの短所 ———— 224
　　　自分と対話しながら文章を書く ———— 226
　　　ワープロの第三の機能 ———— 226
　　　辞書登録の操作 ———— 227
　　　おわりに ———— 229
　　　涙なしの「超」ワープロ上達教室　［西納春雄］ ———— 230

第19章　PowerPointを使用したプレゼンテーション　——野澤和典

　　　はじめに ———— 236
　　　PowerPointとは ———— 236
　　　PowerPointスライドの作り方1
　　　（文字を中心とした基本的な説明と留意点） ———— 236
　　　　　課題1 ———— 239
　　　PowerPointスライドの作り方2（図形、写真、表、
　　　アニメーション、音声、動画を使う基本的な説明と留意点） ———— 240
　　　　　課題2 ———— 245
　　　PowerPointスライドのオンライン公開（ウエブ・ファイル化と
　　　留意点） ———— 245
　　　　　課題3 ———— 246
　　　ハンドアウトの作り方と留意点 ———— 247
　　　　　課題4 ———— 248
　　　PowerPointを使ったプレゼンテーションの実際 ———— 248
　　　おわりに ———— 248
　　　　　補足課題 ———— 249

参考資料　教育者と研究者にとっての著作権とは？———北尾謙治

広げる知の世界
大学でのまなびのレッスン
CD-ROM版専用資料

「CD-ROM版専用資料」には、「大学でのまなび」を支援するための各種コンテンツを収録しています。スタディスキルやインターネット活用法、さらには英語学習のヒント、海外留学情報まで、研究や学習に役立つ資料が豊富に収録されています。

[スタディ・スキル]	Typing / Studying and Learning / Using Your Study Time Effectively / Note Taking (from lectures) / Note Taking (Outline) / Note Taking (from readings) / Asking Questions / Doing Research / Interviewing / Public Speaking
[アカデミック英語]	Choosing the Topic for Research / Writing a Proposal / Writing a Research Paper / Plagiarism / Paraphrasing
[インターネットの世界]	Internet / E-Mail / Computer Lists, Newsgroups, and Bulletin Boards / Using the World Wide Web (WWW) / Netiquette / Searching for Information on the Internet / Using Google / Evaluating Internet Resources / Studying Abroad and the Internet / Finding and Evaluating Internet Resources: Teaching Students to Use the Internet Effectively by S. Kathleen Kitao (pdf file) / Making Your Homepage / Instructions for making your own homepage / Making Simple HTML Files
[英語リーディング]	Pleasure Reading / ESL Book Report / List of ESL Books / What to Read (Students' Project) / Educational Tours (extensive reading) / Great British Writers (extensive reading)

[英語ライティング]	1. How to Write E-mail Messages / 2. Writing Clear E-Mail Messages / 3. Writing Concise E-Mail Messages / 4. Self Introduction / 5. Daily Life / 6. Transitions / 7. Smileys Used in E-Mail Messages / 8. Abbreviations Used in E-Mail Messages / Paragraph Evaluation / Project Evaluation
[留学のすすめ]	Why Don't You Study Abroad? / Studying at American University and Colleges / American Higher Education / University Libraries / Studying at a U.S. University / British University Education―A View from a Japanese Scholar / Studying Abroad and the Internet / Writing Test of the TOEFL / Preparing for the Writing Test of the TOEFL / Good Sample TOEFL Essay / Students' Essays / TOEFL―TOEFLを受験する為に
[英語圏の国々]	An English-Speaking World / The United States / The United Kingdom / Canada / The Republic of Ireland / Australia / New Zealand
[テスト]	TOEFL
[学生の作品]	What to Read (ESL Graded Readers) / Self Introduction / TOEFL Essays / My Plan / Graded Speed Reading Program (GSRP) / Proposals for the Final Project / Japanese Culture / Learning Journal / Class Evaluation / Final Projects / Final Papers
[英語学習の道しるべ]	このセクションにはインターネットへのリンクがあります。

はじめに

　大学に入学することを目的に高等学校までの学習を頑張ってきた学生諸君が、入学式には目を輝かせて出席するのに、授業が始まると同時に、何をどのようにすればよいのか途方に暮れているように見えることがあります。将来何をしたいのかを考えることができなかったり、大学で何をしたいのかもよく分からないように見えることがあります。ただ、何となく日々を過ごして、3年生になると就職活動に走り回るのではなく、4年間の大学生活を有意義に過ごすためには、大学生活のコアになる学習・研究に意欲的であることがとても大事なことです。

　大学では、このような迷える新入生に、有意義な大学生活の過ごし方、将来の進路の見出し方、社会人になる準備、図書館の利用方法、パソコンやインターネットの利用方法、大学での学習の仕方、授業やテストの受け方、レポートの書き方などを冊子やオリエンテーションなどを通じてかなり懇切丁寧に指導していますが、十分にいきわたっているとは言いがたいのが現状です。

　大学生の多くは高等学校までと同様に、クラスに出席していれば十分に学習し、単位を取得して卒業できると思っている場合が多いように見えます。それに伴い実力も自動的につくと思っているようです。つまり受身的な態度で、言われるままにしておれば、十分な知識と技能が身につき、社会に通じるパスポートが得られると考えているようです。筆者が大学に通学した頃と比較すれば、学生のクラスの出席率は高く、受講態度も熱心です。何か大学で学ぼうと期待は強いようです。

　ところが教授者は、一部の学生が積極的に勉強しない、自主的に本は読まないと思っています。時にはやる気がないように見える場合があると不満を持っているのです。教授は大学生が自主的、能動的に学習し、

成果をあげることを期待しています。教授の期待と大学生の実態が離れ
ばなれになっており、この両者が空回りをして、大学のアカデミックレ
ベルを低下させています。

　大学側は、この問題を深刻に受け止めて、ここ数年、各クラスのシラ
バスを提示、成績評価を明確にし、視聴覚機器を利用したより分かりや
すい授業を工夫したり、学生によるクラス評価など教授側の種々の改善
策を実施しています。それと同時に学生が能動的に学習できるような指
導として、学生へのオリエンテーションの強化、個別面談、施設の内容
や種々のサービスを明確にするなどの努力をしています。それらは徐々
に効果をあげています。教授陣もカリキュラムの改善、クラスの改善な
どして、学生にクラス内容をよりよく理解してもらうように努力してい
ます。しかし、大学の教育成果をあげるには、皆さんの自覚と学習態度
の改善が不可欠です。

本書の目的

　本書は、大学生が最低知っていれば、大学での学習・研究の成果をは
るかに多くあげ、有意義な大学生活を過ごし、よき社会人になれるよう
に導くことを目指します。これにより、大学に支払う授業料も何倍かの
価値を持つことになることでしょう。

　これからの大学の学習・研究と社会に出てからの仕事では、パソコン
とインターネットを使用しないことは考えられません。本書では、パソ
コンとインターネットを有効に利用することも解説します。付属のCD-
ROMにパソコン、ワープロ、PowerPointの有益な利用方法を解説し
ました。インターネットと表計算のできるExcelに関しては、各々6章
と9章で取り上げており、パソコンと学習や研究に必要な基本ソフトと
インターネットの利用法は理解できます。

　本書は大学生諸君に大学でいかに学習・研究し、4年間を有意義に過
ごすかを解説します。個人で読んでもよいですが、導入のテキストとし
て1学期13週で教授することも想定して13章だてにしています。

　大学の魅力、意義、どのような仕組みになっているか、クラスの参加
の仕方、講義ノートの取り方、読み方、情報収集の方法、研究テーマの
決め方、情報の整理と理解、レポートなどの書き方、プレゼンテーショ
ンの仕方、テストの受け方など懇切丁寧に解説します。

　付属のCD-ROMには、最近重要視されている、クリティカル・シン
キング、プレイジャリズム、そして、教授とどのように接すれば学習効
果が上がるかの解説も掲載しました。

　本書は、個人で読む場合もたんに読み流すのではなく、実際に作業を
して、考え、知識や技能を体得することを目指しています。本書の内容

14章から19章までは **CD-ROM** にpdfファイルで収録しています。**CD-ROM** のindex2.htmlから開いて読んで下さい。

をよく理解して、活用できるように課題を用意しています。課題は飛ばさずに実際にやってください。学習はたんに頭の中だけでするのではなく、実習・実験のように実際に体を動かしてする場合もあり、このようにして学習したことは忘れにくく、よく身につくのです。

本書の構成

　各章は「この章で学習すること」「本文」「まとめ」「コラム」から成り立っています。「この章で学習すること」で、その章で学習する重要なことを明確にしています。「本文」はその重要項目に沿って解説します。課題が含まれていますが、これは必ず実際に行ってください。そのための資料やワークシートは付属のCD-ROMからコピーして使用できます。重要なことは「まとめ」で明確にしています。「コラム」は筆者の経験談などを中心に、多少なりとも大学に関する常識や情報を提供しています。

付属のCD-ROM

　付属のCD-ROMには役立つ情報などを搭載しています。本文でその内容や使用方法は解説します。執筆者全員が英語教員で、英語学習は大学生の将来の職業に直接・間接に重要と信じています。それで、授業に実際に使用したスタディ・スキルズ、アカデミック英語、留学、インターネットなどに関連した英語の読み物も搭載しておりますので、英語の学習を兼ねて読んでください。本書の内容の理解にも役立ちます。

　英語の学習に役立つリーディング、ライティング、テストなどの教材も多少掲載しておりますので、大いに英語学習をし、国際社会で活躍できる人になっていただきたいと思います。さらに多くの教材が、北尾謙治のホームページにはありますので、これで十分でない方は、それもご利用ください。

CD-ROMに収録した内容を参照したり、活用したりする箇所にはこのマークを付けています。

　大学は、皆さんがよく学び、楽しみ、有意義な学業生活を過ごせるように、多くの施設、カリキュラム、教授陣、そして、サービスを提供しています。

　本書は大学生として最低知っていると大学生活が実り多いものになるものを解説したもので、これにより有意義な大学生活を過ごし大学での学習・研究の成果が何倍もあがることを望みます。

謝辞

　本書を企画して呼びかけたところ、若い人たちが大学で有意義な学習・研究をするためにぜひ執筆したいと、全国から9人の大学教員の協

力が得られました。各々の先生方の長年の大学教員生活（合計約200年）で、重要と思われることを、大学生や高校生に分かりやすく解説してもらいました。

　ひつじ書房の松本社長はこの企画に最初から興味を示していただき、種々の提案もしてもらいました。社長にはずいぶんと励まされました。ひつじ書房の関係者には深く感謝しています。

　本書の北尾謙治担当箇所と付属の英語資料は、同志社大学学術奨励研究費（2004年）、日本学術振興会の科学研究費補助金、同志社大学情報処理共同研究費など過去9年間の多くの研究助成金による研究成果の一部です。資料は、インターネットで公開しているものは書き直し、追加と整理をして、読者に利用しやすいようにいたしました。

　　　　　　　　　　　　　　　　　　　　2005年1月
　　　　　　　　　　　　　　　　　　　　京都にて
　　　　　　　　　　　　　　　　　　　　著者代表　北尾　謙治

第 1 章

大学の魅力
実松克義

この章で学習すること

はじめに——大学の起源
大学はどういうところか
なぜ大学に行くの？
大学での勉強——高校までとどう違うのか
大学でしかできないこと
学問するってつまらない？
大学の魅力——教授陣、カリキュラム
図書館——知識の泉
グローバル化する大学教育

はじめに――大学の起源

　大学の遠い起源は古代ギリシャにあります。哲学者プラトンのアカデミアです。プラトンは紀元前387年に自らの理想に基づいた学校を作りました。アテネの郊外に建設されたこの学校にはオリーブの森と公園があり、アッティカの伝説的英雄アカデムスに捧げた体育館があったと言われます。アカデミアでの教育内容、それがフィロソフィア（哲学）ですが、これはギリシャ語で「知（識）の愛」という意味です。

　11世紀に入り、キリスト教が支配した中世に新しい知的胎動の兆しが現れます。そして1200年頃のパリでパリ大学の起源と言われる現在の大学の原型とも言える組織が誕生します。これがウニヴェルシタスと呼ばれるものです。英語の「ユニヴァーシティ」の語源ですね。

　ウニヴェルシタスは強い団結力を持った知的な専門家集団で、教授と学生から成り立っていました。学生は教授になるために学びました。つまり一種の大学院大学のようなものであったと思われます。

　ではウニヴェルシタスで何を学んだのか。知識です。神学、哲学、倫理学から自然科学に至るまで、ありとあらゆる主題についての知識です。

　このように大学は西欧的伝統の中で発生したものです。その目的は、一言で言えば、高等教育を実施すること、あるいは高度な知識を授けることです。これは後年より一般的に、「学問」（英語ではアカデミック・スタディーズ）」と呼ばれるようになります。

　日本最初の大学は明治10年（1877年）に設置されました。これが東京大学の始まりです。日本における大学は、伊藤博文、森有礼、アメリカ人デイヴィッド・マレイなど、当時の教育的指導者が中心となって構想されたものです。大学の前身は幕末の洋学校だと言われます。幕末の開国以来日本は西洋の文化を無我夢中で吸収します。いわゆる「和魂洋才」の時代です。大学設立の目的は西洋の学問を学ぶこと、また優秀な人材を育てることでした。初期の大学においては教授陣はすべて英独仏の教授でした。彼らは日本人に外国語で学問を教えたのです。そのためその語学的準備をする「大学予備門」が同時に作られます。これは後年「大学本科」に対する「大学予科」として発展します。

　明治30年（1897年）日本において第二の大学が設置されます。これが京都大学の始まりです。

　日本の大学は西洋の大学の伝統を日本の実情に合わせて取り入れることによって出発しました。

大学はどういうところか

　現在日本の大学は非常に異なった存在になっています。

　それは、大学教育の大衆化です。戦前の旧制大学は少数の、いわばエリートのために存在した高等教育機関です。しかし戦後アメリカ民主主義の圧倒的な影響を受けて教育の大衆化が始まります。いわゆる「新制大学」の登場です。多くの若者が高校卒業後大学に進学するようになりました。というよりは高校そのものが大学進学の準備教育機関になった感があります。大学の数も増えました。特に私立大学の成長は目覚ましいものがあります。2005年版の文部科学統計要覧によりますと、2004年5月1日現在、日本には4年制大学が709校、2年制大学が508校存在します。そこで、各々281万人と23万人が学んでいます。

　また戦後の大学教育の内容もいくつかの変遷を経ました。

　第二次世界大戦が終わってからすでに60年が経過しています。その間に大学教育も変わりました。最も大きな変革が起きたのは、あるいは起きつつあるのは、1960年代後半、1990年代初期、そして現在です。

　1960年代後半に何があったのかはご存じでしょう。日本中の大学を襲った学生運動の波です。この時代、大学はその存在意義そのものが批判の対象にされました。そして学問の社会的実践ということが重視されるようになります。次いで1990年代初期には新しい大学教育改革の波が到来します。ここではより社会的ニーズに合ったカリキュラムの導入、教授法の改善などが焦点となりました。最後に現在起きつつある新しい変化はもっと構造的なものです。それは少子化を原因とする18歳人口の減少による大学間の競争の激化、大学の再編成、再統合の結果生じているものです。

　では大学とはどういうところか。結論はこうです。

　現在の大学は、もはや過去の大学のように、専門知識、狭義の意味での学問を教える場所、高度に専門化された教育を施すところではありません。社会と時代のニーズを考慮し、幅の広い教養教育を目指した、開かれた教育機関を目指しています。言ってみれば、それは従来の「教養ある専門家」の養成ではなく、「専門性ある教養人」を生み出すのを目的としています。

　補足しておきますが、これは大学が専門教育を放棄したということではありません。しかし専門家養成のための教育は「学部」ではなくて「大学院」に移りつつあります。学部教育の目的はやはり広い視野を持った知識教育なのです。アメリカ的に言えば、リベラルアーツ教育ということになるかもしれません。

なぜ大学に行くの？

イギリスの伝説的登山家ジョージ・マロリーは「なぜ山に登るのか」と聞かれてこう答えました。「そこに山があるからだ」

人はなぜ大学に行くのか。

たぶん、同じことが言えるでしょう。「そこに大学があるからだ」

これは何を意味するのか。

2つのことを意味しています。1つは、大学が山と同じように魅力のある存在だということです。登山家は高い山、未登頂の山にチャレンジします。それが山の中の山だからです。血が騒ぐのです。大学も同じです。大学は最高教育機関です。そこで得られる知識、経験、出会いを考えただけで胸がわくわくするのです。ここに大きな大学の魅力があります。

もう1つは、人間がある行為をする理由は、そう簡単ではないということです。ましてや重大な決心となればなおさらです。

胸がわくわくするだけで大学に行く人はほとんどいないでしょう。大学に行く理由にも色々あるのです。そして最大の理由は現実的なものかもしれません。つまり、卒業して、大学卒として就職することです。

わくわくする魅力があり、しかも役に立つ学位を取得することができる。こんなすばらしい機会は他にありません。

しかし言っておきますが、だからと言って大学には必ず行かねばならないということもないのです。大学に行かなくても、すばらしく創造的な人生を送ることもできるのです。逆に言えば、大学に行ったからといって、それだけでは何の意味もありません。問題はそこで何を学ぶか、何をするかです。

なぜこういうことを言うかといえば、戦後の大学教育の大衆化の結果、学生自身の間に、不幸な誤解が生じているように思うからです。それは大学が知識を学ぶ場所、学問をする場所ではなく、人生の休暇を楽しむ場所である、という風潮です。大学のレジャーランド化です。ここでは大学生活の中心は勉学をすることではなく、サークル活動、あるいはアルバイトであることになります。

大学生活は青春の象徴でもあります。その限りにおいて若者のこうした傾向は理解できます。しかし同時にそれはまた大学に行く理由を打ち消してしまいます。もし目的が若いエネルギーを発散することだけであるならば、別に大学に行く必要もないのです。青春とはそんな小さなものではないでしょう。

またこうした傾向が続けば、やがて大学はその存在意義を失って制度

●リベラルアーツ教育
専門分野の研究や職能教育に入る前に、全体的・総合的な視点を身につけるための教養教育。日本の教養教育は、旧制高校の教育を踏襲したものとされ、エリート養成のためのものと考えられていたが、リベラルアーツという名前で呼ばれるときは、アメリカの大学の教育がモデルになっており、エリート養成というよりも、市民としての知識・センスを育てることを目指すものです。

としては滅びることになるでしょう。

　大学は遊びの天国ではない。大学は情熱ある教員と学生が知の探求において斬り結ぶ場所である。

　では大学においてどうすればよいのか。それをこれから述べましょう。

大学での勉強——高校までとどう違うのか

　大学での勉強は高校までと大きく異なります。

　どう異なるのか。

　高校までの勉強はある意味では目的のはっきりした勉強です。その目的とは試験でよい成績をとること、あるいは受験を最終目的にした勉強です。

　こうした勉強に特徴的なことは何か。

　問題、あるいは課題が単純化、人工化されていることです。それをいかにうまく理解し、正解を見つけるのかが重視されます。そのための技術、テクニックを学ぶのが大きなポイントです。

　だが大学での勉強はまったく違います。そこで学ぶ内容は試験を目的としていません。現実に存在する等身大の問題、現象を扱うのです。その本質を理解し、解決法を見つけようと試みるのです。たとえば国際政治学、あるいは宗教人類学で「現代の宗教戦争はどうしたら解決できるのか」という課題に取り組むとします。これは非常に複雑で困難な課題です。だから正解はありません。考え方が異なる多くの解決案があるのみです。

　大学では「学ぶ」という行為自体が最終目的です。テーマに関して自分の頭で考え、理解を深めるのが最大の目的なのです。

　当然のことながら、大学の勉強は学生が主体性をもって組み立てるものです。

　大学には、高校までにあった、全員に共通したカリキュラム、テーマ、達成目標というものはありません。

　履修の方法からしてそうです。新入生は入学時のガイダンスで大学のカリキュラムと履修方法について詳しい説明を受けます。どういうコースを選択し、具体的に何の科目を履修するのかは、自分で考えて決定し、履修登録をしなければなりません。これは入学時の大きな課題になります。

　授業に際しても同様です。科目によっては、たとえば語学のように、かなりの程度に共通のシラバス、評価方法を採用したものもあります。

しかし大半の科目においては、カリキュラム内容は担当教員の個性が反映し、また学生の主体性が重要な要素になっています。たとえばレポートによる評価の場合、学生は自分でテーマを探し、リサーチを行い、それを論文の形にまとめなければなりません。これは自分の頭で考え、判断し、行動するという訓練です。大学での勉強にはそうした特徴があります。（第2章「有意義な大学生活と学習・研究」参照）

大学でしかできないこと

　大学は不思議な場所です。不思議な可能性を秘めた場所です。

　日本社会は非常に強い自己規制、共同規範を持つ社会です。そこでは人々は決められたルール、目的に束縛されて生きています。それが日本文化の本質です。人々は生まれ落ちるとすぐに教育社会の中に組み込まれます。そして成長して成人になると仕事社会の荒波に飲み込まれてゆきます。内容は異なりますが、両者とも現実を反映した厳しい競争社会です。

　その2つの大きな流れの間に、ぽっかり浮いた小島のように存在しているものがあります。それが日本社会における大学です。

　先ほど、現代の学生は大学の4年間を休暇のように考える傾向にあると言いました。実はこれはある意味で真実を突いています。学生はそれまでの受験勉強でくたくたに疲れているのです。だから気分転換にまったく違ったことをやって元気を快復し、将来の仕事社会への船出に備えようと思っているのです。

　大学はそうした学生を否定しません。むしろ包容して育てようとします。これは社会において大学が持つ特殊な地位、独立性です。大学は行政的には自治組織です。だから社会とは一線を画する教育環境を持つことができます。それをゆとりと言っても、あるいは聖域性と言ってもよいでしょう。

　さて大学のこの特徴は実は大きな可能性を秘めているのです。

　大学では現実社会の制約を度外視した学びの体験が可能なのです。

　英語の勉強を例にとってみましょう。

　日本の若者は中学から高校まで6年間も英語を習います。しかし役に立つ英語力という点からはあまり進歩はないようです。なぜでしょうか。カリキュラムが非現実的な受験英語のために編成されているからです。また大学卒業後、会社勤めをしながら英語を学ぶ場合も、別な問題があります。それは仕事のための英語学習という制約です。これらの目的が無意味だと言うつもりはありません。目的には十分かなっている方

法だと思います。

しかし大学ではより理想的な環境で英語を学ぶことができます。そうした制約なしに、自分の目的と動機によって思う存分勉強し、学習することができるのです。必要なら留学することも可能です。結果として本格的な語学力を身につけることが可能でしょう。

教育の立場から言えば、大学においては、カリキュラムを豊かでバラエティーに富む内容にすることができます。ただ学生の語学力を伸ばすのではなく、人間性の発展を涵養するような特色を出すことができます。

もっとも、こうしたカリキュラム自体が存在しないことには始まりませんが。

いずれにしても、学生はこうした大学の特色を十二分に理解して、積極的に機会を活用すべきです。他にも、大学でしかできないこと、社会に出てからはおそらくはできないだろうこと、がたくさんあるはずです。それが何であるかを各個人が考えることです。

最後に、大学生活とは、それが全く新しい体験であるだけに、人によってはストレスを生じさせることもあります。それを考えて、大学は学生が精神的にも身体的にも健康な状態で学習できるように種々のサービスを提供しています。小さな病院やカウンセリング室などもあり、専門の医師やカウンセラーは学生の病気や怪我のみでなく、精神的な悩みなどにも対応しており、ノイローゼの解消などにも取り組んでいます。住居の斡旋、奨学金の支給、学生相談、セミナー、大学外での活動など種々の企画の実行もしています。大学を通して、個人では不可能な色々な体験ができるのです。

●カウンセリング室
多くの大学は、学生が困ったことがある場合にサポートする設備を設けています。友人関係や教授との心理的なストレス、特にはっきりしない悩みであっても、相談することができる機関があることを知っておいた方がよいでしょう。相談したいとおもったら、遠慮しないで相談してみることが大切です。

学問するってつまらない？

さて本題に来ました。

大学は何のためにあるのか。

学問をするためです。

学問の理解に関しては誤解があると思うので、その誤解をここで解いておきたい。

学問とは何か。

残念ながら、学問は現代日本において必ずしも無条件に尊敬を集めているわけではありません。正直に言って、「高度な知識と真実の探求」であると同時に「堅苦しく、役に立たない形式主義」という、二重のイメージがあると思います。現代の若者はそうした学問を敬遠する傾向に

あります。これは学者、教育者が反省すべきことです。

たしかにこの世にはニセの学問もあります。学問という名を借りた「まやかし」もあります。だが真の学問もまた存在します。

学問の発祥とも言えるプラトンのアカデミアで教えたのは「知（識）の愛」（フィロソフィア）です。つまり知ることの喜び、学ぶことの喜びです。

日本語ではどうでしょう。

学問とはすなわち「学び、問う」ことです。学問のイメージが否定的であるのは、そこにありがちな形式主義、権威主義のためです。そのため学問は「学門」になってしまっている。開かれた知識の探求法、伝統であるべきなのが、閉ざされた象牙の塔になっている。だがもしそれが学問だと思っているとすれば、それは誤った学問です。

学問の目的は読んでも分からないような難解な論文を書くことではない。明快な論旨を持った、創造的な問いかけを行うこと、それが学問です。別に難しく考える必要はない。その真摯な問いかけによって、共通の理解を深め、解決法を見つけようとする。真の学問とはそうあるべきなのです。

それが本当の知の探求なのです。

大学は本質的な意味で学問をするところです。そうした問題意識を持って学び、研鑽を積むべきです。

自分で本心から興味を持てる科目を履修しなさい。また、優れた「教師」との出会いがあることを祈ります。

大学の魅力——教授陣、カリキュラム

ここまでくれば大学の魅力がどこにあるのかが分かりますね。

大学の魅力は教授陣とカリキュラムに集約されます。そこに大学の存在意義があります。また個々の大学の特色があります。

偏差値で大学を選ぶというのが現代の傾向ですが、これは誤りです。入学後、大学の教育に失望することになるでしょう。重要なのはそこに自分の欲するカリキュラムがあるのか、履修したい科目があるのか、習ってみたい教授がいるのかを知ることです。

大学の最大の支出は人件費です。つまり大学は優秀な教授陣をそろえるために最大の努力をしているのです。これは大学の本質が、つまり大学の「売り物」が知識、学問にあることを意味しています。

これは別にマスコミに登場する有名教授、名物教授がいる大学に行けということではありません。知識、学問を教えるのはやはり人間である

ということです。

　しかし、外部から大学の教授陣、人材について詳しく知るのは限界があります。だからやはり大学のカリキュラム内容をできるだけ詳しく知ることが重要でしょう。最近では高校生、受験生を対象にしたカリキュラム説明会が頻繁に開かれています。また定期的にオープン・キャンパス、あるいは模擬授業を実施しています。これから大学に入ろうとしている人は、こうした機会を最大限に利用することです。教育の質に関して先輩の意見を聞くのもよいでしょう。大学のホームページでもかなりの情報が公開されています。

　では、大学のカリキュラムとはどういうものか。

　1992年、当時の文部省は「大学設置基準の大綱化」を発表しました。これはそれまで一般教育と専門教育に分かれていた、大学教育のバリアーを取り払ったものです。これにより大学は自由にカリキュラム編成をすることが可能になりました。しかし実際には現在でも大半の大学においては、カリキュラムは一般教育と専門教育の二部構成になっています。初めに基礎を学んでおいて、それから応用をというわけです。

　大学のカリキュラムにはどんな科目があるのか。

　最も特徴的なのはやはり講義科目です。講義科目とは文字通り、教員があるテーマについて講義をする科目です。これが大学のカリキュラムのバックボーンです。その本質は知識の開示、授与にあります。

　講義科目には問題もあります。講義のテーマにもよりますが、一方通行のコミュニケーションは退屈しやすいものです。特に大教室での講義がそうです。教員としての経験から言えば、どんなにうまく話したにしても1時間以上にわたって、学生の興味を持続させることは難しいものです。

　そこで様々な工夫がされています。たとえば、スライド、教材提示装置、PowerPointなどのビジュアルを使ったり、テープやCDなどを聞かせることによって臨場感を増すことができる。また一方通行の講義ではなく、学生が参加できるようなディスカッション形式の授業形態も模索されています。

　また1つのテーマを複数の、専門分野が異なる教員が毎週交代で担当する、オムニバス形式の講義もあります。あるいは複数のスピーカーが登場するフォーラム形式の講義も存在します。そうした様々な授業形態が存在します。

　だが日本の大学で最もユニークな授業形態はやはりゼミ（演習とも言われる）でしょう。これは少人数のクラスで、学生の主体性を最大限にしたカリキュラムです。ここでは担当教員は講義をしません。学生を指導するのです。授業は学生主導で、学生による発表が中心となります。

同じゼミに所属する学生は、授業だけではなく、日常生活においても何かと行動を共にすることが多いようです。コンパをしたり、ゼミ旅行をしたり、当然親しい関係となり、友人ができやすい。その意味で勉強とサークル活動を結び付けたようなところがあり、楽しく、インフォーマルに学べるというところが最大の魅力なのでしょう。大学の大きな思い出にもなっているようです。英米の大学ではこのような勉学と社交を兼ねたようなクラスは見当たりませんが、英国ではコレッジがこの社交の役目を果たしています。同じ寮で寝泊まりし、三食同じ食堂で一斉に食べ、種々の行事を共にするコミュニティーで、卒業式もコレッジごとにされます。

　コレッジほどでなくても、ゼミは日本における理想的な大学教育の1つのモデルです。このモデルがうまくゆくのは、それが無意識のうちに自発性、積極性を涵養するシステムであるからだと思われます。人間は全責任を持たされ、自由裁量が与えられた時に初めて全力を尽くそうとする。だから何かが起きるのです。そうした経験を基にして学問的探求への真の覚醒があるのかもしれません。（第3章「大学の学習・研究の実際」参照）

図書館──知識の泉

　大学には様々な施設、設備があります。その中で大学の勉学に最も役立つものと言えば、やはり図書館です。図書館は予習、復習、発表の準備、リサーチ、レポート作成、試験勉強、卒業論文などに欠かせない存在です。これまでの日本の大学の図書館は蔵書数も少なく、また開館時間も限られていました。同じ大学の図書館でも、たとえばアメリカの大学の図書館に比べると、非常に見劣りがしたものです。

　しかし最近ではかなりの蔵書数を持つ、本格的な大学図書館が増えつつあります。また開館時間も長くなり、夜間や休日でも開いていることが多くなりました。これは閉鎖的だった大学が学生の便宜を考えた、開かれた教育機関へと変わりつつあるからです。真剣に勉強をしたい学生にとってはこれほどうれしいことはありません。

　では図書館の効果的な利用法とは何か。

　2通りの利用法があります。

　1つは読書です。現代人はあまり本を読みません。そのため日本の出版産業は苦境に陥っています。特に―ケータイの影響でしょうか―若者の本離れは深刻なようです。確かに本を読まなくても日常生活に支障はありません。だが大学は高度な知識を学ぶところであり、そのための最

低限の知識、教養が前提として要求されます。そのためにも読書は不可欠です。

さらに、読書は一生を通して人間の精神生活を豊かにします。小説でも、ノンフィクションでも、古典でも、心理学でも、あるいは伝記でも、ジャンルはどうでもよいのです。将来どういう分野に進もうとも、読書の経験は必ず役に立つものです。また十分に時間的ゆとりがある大学時代においてこそ、実現可能なものです。

もう1つはもちろん学問をするためです。発表の準備をしたり、またレポートを書いたり、あるいは卒論を書いたりする時には、かなりの準備、下調べが必要となります。しかも系統立てた情報収集が必要となります。これをリサーチと言います。そのリサーチにおいて最も頼りになるのが図書館の存在です。図書館なくして学問をすることはできません。立派な図書館は、知識の宝庫として、あなたの知的活動を強力にサポートしてくれるでしょう。

必要な図書を探すには検索システムを利用します。以前は検索カードを引いていたのですが、今では大半がコンピュータ検索です。大学により検索ソフトが異なります。これは使い方が分からなければ、図書館内の司書係に習ってください。検索システムを使いこなせると、探している本だけではなく、テーマに関する参考文献を短時間のうちに知ることができます。

最近の図書館はまた眼に見えない多くの蔵書を持っています。いわゆる電子図書館の存在です。最も典型的なのはデータベースと呼ばれます。これはオンラインの蔵書です。たとえば*ProQuest*というデータベースがあります。世界中の英語の新聞、雑誌類が網羅されています。最新のニュース記事、情報などを知るには非常に役に立ちます。もっと専門的なものとして*J-Stor*があります。これは様々な学問分野の学術誌、ジャーナルを集大成したものです。もちろん、フルテクストが読めます。どんなデータベースが使えるのかは大学によって異なるので、あなたの大学図書館でぜひ尋ねるとよいでしょう。(第6章「情報収集」参照)

電子図書館はいわゆるインターネット機能を利用したものです。インターネットは世界中の情報を集めるネットワークで、それを利用することによって膨大な資料を集めることができます。(第7章「インターネット」参照)

グローバル化する大学教育

　最近の傾向ですが、大学を外部の世界に開かれたものにしようとする動きがあります。つまりこれまで独立性、閉鎖性が特徴であった大学が本質的に変化しているのです。たとえばコンソーシアム（大学連合）という名称で呼ばれている単位互換制度があります。これを利用すると、たとえば大学Aに所属していても大学B、あるいは大学Cの科目を履修することが可能です。ただし履修できるのはコンソーシアムに所属している大学に限ります。また開放科目、および履修可能単位はあらかじめ決まっています。しかし複数の大学で学べるというのは非常に魅力で、色々な意味で刺激になるでしょう。

　さて、もっと魅力的なのは外国体験でしょう。

　たいていの大学には海外スタディ・プログラムがあります。語学研修的なものから、より専門的なものまで、様々な企画が存在するようです。たとえば夏休みに1か月カナダの大学で語学研修をするといったものです。もちろん正規カリキュラムの一環です。大学によっては自前の海外分校を持っているところもあります。

　専門的な海外研修はたとえばインターンシップ・プログラムがあります。これはビジネス、法律、カウンセリング、ボランティアワークなどの実践的知識およびスキルを現地で実習するものです。これはとりわけ海外飛躍を夢見る人、あるいは国際的な仕事をしたい人にとって非常によい体験となります。

　本格的な外国体験は留学でしょうか。

　多くの大学では、一時的に休学をして、留学をすることができます。そのための奨学金制度を実施しているところもあります。留学は実践的な知識の獲得とともに、貴重な異文化体験をもたらしてくれるでしょう。

　同時に、大学においても様々な国際化の試みがなされています。積極的に留学生を受け入れてキャンパスを国際化しようと努めている大学もあります。さらには、実験的な試みとして、科目群の大半を英語で教えているところもあります。また教員の大半が外国人であるという大学も出現しています。

　こうした最近の大学の動向は何を目指しているのか。

　グローバルな教育です。地球的な視野からの教育です。つまり日本の中の大学ではなく、世界の中の大学を目指しているのです。

　グローバリゼーションは現代世界における最も重要な、重大な現象です。その象徴がインターネットの存在です。グローバルな視点、アプロ

●**インターンシップ・プログラム**
企業や自治体、NPOなどで、一定期間、実際にその活動に従事することで、社会に出て働くための経験を得たりや心構えを学びます。専門教育に関わる分野で、その学習の仕上げとして実際に体験してみると社会に出てからのその仕事の具体的なイメージを体感することができます。社会に出た自分を意識することができるようになり、大学での研究生活を見直したり、実感し直すことができます。大学によっては、インターンシップに参加すると卒業に必要な単位にすることができる場合もあります。

ーチなしにはもはや現代における諸問題の解決は不可能になりつつあります。大学もまたそうした新しい潮流を反映して大きく変わろうとしているのです。それは21世紀という未知の次元に対処するための、より高いヴィジョンの模索かもしれません。

おわりに

それでは最終的な「大学の魅力」とは何でしょう。

一言で言えば「知的創造性の探求」ではないでしょうか。大学がそれを可能にする環境とシステムを備えている独立組織であるということではないでしょうか。

高校までの勉学、学びはそうした探求の準備にしかすぎません。まだ機運が熟していないのです。学びは大学において初めて完結したものになります。つぼみが膨らみ、やがて開花するのです。それが高等教育の本質です。

これは別な事実からも確認することができます。学生時代とは年齢的には18歳から22歳を指します。これは発達心理学から言って非常に重要な時期に当たります。この時期に人間の脳が完成するからです。つまり精神はこの時期を通して最後の仕上げを行うのです。

その時何が起きるのか。知性の発達です。言い換えれば、学生諸君はこの4年間に全くの別人に進化するのです。

それが何を意味するのかは分かりますね。

なぜ大学で学びたいと思うのかを。なぜ大学に行きたいと思うのかを。

ある意味でそれは人間の本能の衝動であるかもしれません。

若者よ、目覚めよ。そう祈りつつ、この章を閉じることにします。

まとめ

- 大学とは学問をするところである。
- 学問とは創造的な問いかけである。
- 大学の勉学においては学生は主体的にテーマを探し、研究、発表を行う。
- 大学の最大の魅力は教授陣とカリキュラムにある。
- 大学の最終目標は知的可能性の探求である。

◆課題
1. 自分で関心のある大学（のある学科）に関して、大学案内、その他ガイドブック、あるはインターネットを利用して、できるだけたくさんの情報を集めよ。とりわけ教授陣、カリキュラム内容に関して重点的に調べよ。
2. 図書館を利用して、次の2つの課題のうち、いずれかを実行せよ。

　a）毎月1、2冊関心を持った本を選び、読書を行うこと。その感想を短いレポートにまとめよ。

　b）関心を持ったテーマについて、十分な情報を収集すること。それを基に短いレポートを作成せよ。（講義やゼミのレポートでもよい）

第2章

有意義な大学生活と学習・研究

北尾謙治

この章で学習すること

大学と高等学校の違い
大学でいかに学習・研究するか
大学生活の目標
タイムマネジメント
スタディースキル

はじめに

　皆さんは、小学校から12年間頑張って勉強してきたでしょう。将来したい仕事に役立つ大学の学部に入学した人、憧れの大学に入学した人、惜しくも第2希望の大学に入学した人など色々のケースがあると思います。

　これから大学4年間どのように学習・研究し、何を大学生活で得るかという計画があると大学生活を有意義に過ごすことができます。

　将来どのような仕事をするかはおろか、大学で何をするかもあまり考えていない人もいるかもしれません。それでは、有意義な大学生活を送るのは難しいのではないでしょうか。本章は有意義な大学生活を送るための知恵を伝えます。

大学と高等学校の違い

　小学校から高等学校までの学習は、先生の指導のもとに、言われたことをまじめにしておればうまくいったと思います。両親からの助言もあったでしょう。クラスでは先生は丁寧に板書をしてくれ、宿題やテストも頻繁にあったでしょう。それは丁寧に採点されて返却されたことと思います。成績も3学期にわたって提示され、それにより各自どの程度学習しているか、どのような問題があるかなどよく分かったと思います。つまり、先生の話をよく聞いて、それをよく理解していることを宿題やテストで表現すれば十分でした。受講するクラスは指定されていて、各自大きな選択はしていないでしょう。勉強以外にも種々の細かい指導があり、大学への進路指導も丁寧にされたと思います。

　大学では高等学校とは異なり、学習・研究の内容や仕方は各学生が自主的に決めることが前提になっています。もちろん、学部により、卒業必要単位数、各学年の登録単位数の上限、必修科目と選択科目などは決められています。これらの規則は、卒業するためには守らなければなりません。規則以外にも、このようにするのがよいですよとの指導はされます。大学の学習・研究を有効にするための図書館の利用方法、奨学金、アルバイト、厚生施設の利用などのオリエンテーションも実施されます。ただ、このような規則や指導は教授が個人個人の学生にするのではなく、講義概要、履修登録説明書、学生便覧などの印刷物の配布でなされます。大学側は、これを配布することで一応の指導をしたとの理解をしています。後は各学生が自分の希望に合わせて履修し、有意義な大

学生活を過ごせばよいのです。進路指導や就職の指導も、同様で、個人指導はありません。大学院に進学する場合は、指導教授に個人的に相談します。就職に関しては就職部に行って情報を入手して、就職活動を自分でします。（第3章「大学の学習・研究の実際」参照）

高等学校までは、生徒は自分で積極的に努力しなくても、先生が個人的に指導してくれて、先生の言うことをよく聞いてやっていればよかったのです。しかし、大学では、先生は原則自分の講義をするのみで、それ以外のことはしてくれません。学生が自主的に、どのクラスを履修するか、そこで何を学習するか、どのように大学で学習するか、将来どのような仕事に就くかなどを考え、それを成就するために活動しなければならないのです。

つまり、大学では受身的な学習ではなく、学生の積極的な学習が求められており、学生自らが自主的に学習・研究して、社会人として育つことが期待されているのです。

大学でいかに学習・研究するか

高等学校と大学のクラスの履修の大きな違いは、学生が自ら選択して受講することです。1、2年生の外国語のクラスなどはあらかじめ指定されていることがあり、必修科目は当然受講しなければなりませんが、ほとんどの科目は選択科目で、学生がどのクラスを履修するかを決めます。将来どのような仕事をしたいのか、大学で何を学びたいのか、などを考慮して、どのクラスを履修するかを決めるのです。時間割の都合とか、単位を取りやすいからとかの理由でクラスを選ぶと、まともな学習・研究はできません。

クラスではその科目の大切な内容をすべて教えてもらえるとは限りません。担当する教授の研究分野のみの場合もあります。クラスでの説明も一から十まですべてされるのではなく、重要なことを中心にされる場合もあります。板書も高等学校のクラスのように丁寧にしてくれるとは限りませんので、自分でノートを整理して取ることが必要です。テキストのないクラスもあり、ノートが取れないと何をしているか全く理解できないこともあります。

レポートや試験は、クラスで学習したことに関して、自分でまとめて説明することや、自分の意見をまとめて書くことなどを求められる場合が多くあり、クラスで学習した事実のみを記憶しているかどうかを試すものは少ないでしょう。レポートは自分でテーマを選んで書く場合も多くあり、各学生が興味を持っていることを自分で学習・研究して、まと

●就職部
就職部がない大学はないでしょう。最近ではキャリアセンターなどのスマートな名称も見受けられます。現在は、大学も成果をあげることが求められており、その成果の一つとして就職（率）があり、大学としても、かなり力を入れているセクションです。大学の企業への窓口で、就職に関するあらゆる情報を提供しています。東京や大阪に分室を設けて積極的な活動をしている大手の大学もあります。
就職に関する種々のセミナー、職種の適正診断、最近就職した先輩や既に内定をもらった先輩たちのセミナー、履歴書やエントリーシートの書き方、就職試験や面接に関する指導や相談、企業の求職に関するセミナーや求職情報の斡旋などをしています。学部には就職担当の教授もいて、その教授などとも連絡を取りながら、学生の就職活動を支援しています。
インターシップなどを扱っているところもあるようです。就職活動を始めてからでは遅すぎますので、早い時期に、様子をのぞきに行ってみるとよいでしょう。

めるようなことも多くあります。これが、本来の大学の学習・研究です。大学とは各学生が自分で学習・研究したいことを決めて、自分で学習・研究する場なのです。

　クラスの登録が済めば、クラスのない時間は大学にいなくてもよいのです。朝9時から夕方の5時まで毎日大学にいるような義務はありません。クラスも出欠を取らない場合が多くあります。大学生は自由です。いつ大学に行くか。いつクラスに出るか。大学で何をするか。すべて自由にできます。しかし、自由とはその反面責任が伴います。クラスを休んだためにレポートやテストのことを聞きそこねて、間違ったために落第するようなことにもなりかねません。大学のクラスは、全員が合格するようなことは珍しく、1〜5割程度が落第している場合があります。1、2割が落第するのは普通です。なぜこのようなことが起こるのかは、色々な理由がありますが、とにかく、大学は教授が懇切丁寧に指導し、学生が受身的に教授の言うことのみを理解していれば学習・研究できるところではありません。受身的な態度では、大学で得るものは非常に少ないということを再度申しあげておきます。

大学生活の目標

　なぜ大学に進学したのでしょうか。大学で何をしたいのでしょうか。4年間に達成したいことは何でしょうか。大学卒業後は何をしたいのでしょうか。これらの質問に答えられることが大事なことです。明確でなくても、大まかなものでもよいのです。

◆課題1　大学生活の目標

　パソコンのワープロソフト（以下ワープロと省略）を利用して、ハードディスクに「大学」というフォルダを作ります。その中に、「目標」という名前のファイルを作成します。そのファイルに以下の質問とその解答を箇条書きで書いてください。（付属CD-ROMからコピーしてもよいです。）

　最初に「大学生活の目標」というタイトルを中央に書きます。

　次に、記入した日の年月日を記入します。（たとえば、2006年4月15日）

　なぜ大学に進学したのですか。

大学で何をしたいのですか。

4年間に達成したいことは何ですか。

大学卒業後は何をしたいのですか。

　大学に進学した理由が、消極的な人、積極的な人がおられると思います。この大学にしか入れなかった。入りやすい大学を選んだ。など積極的な理由がない人は、よりしっかりした目標を持って大学生活を送りましょう。

　大学生の間にしたいことを、勉学に関係のあることと、それ以外のことに分けてください。両者をさらに大学でできることとできないことに分けてください。勉学に関することは、それに関連したクラスが自分の学部で実施されているか。他の学部で実施されているか。単位互換の他大学やコンソーシアムで実施されているか。などを調べれば、どのようにできるかが分かります。大学内でできないと思っていることも意外とできるかもしれません。種々の資格を取ることを目指すのもよいかもしれません。ただ、自分が将来したいことに関連することでなければ、たんに資格を取っておくだけでは無意味な場合もありますので、よく考えましょう。

　勉学以外にも趣味、スポーツ、友人をつくることなど重要なことも多くあるでしょう。時間、労力、金銭の許す限り色々なことを体験するのはよいことです。サークル、研究会などにも大いに参加しましょう。ただ、次々と考えを変えるようなことでは何も身につきませんので、事前によく調べ考えて、参加し、参加したのにすぐにやめるようなことは避けましょう。

　アルバイトも大学生にとって重要です。種々の社会勉強ができますし、お金も稼げます。自分の将来に役立つアルバイトは何か、いくらくらい稼がなければならないか、何時間程度働けるかをよく考えましょう。

　4年間毎日忙しく過ごしても、終えてみると何をしていたかよく分からない場合も起こりえます。大学にいる間に、何を達成するのかといった目標を具体的に考えましょう。留学をしたい。本を200冊読む。資格を取りたい。英語を習得したい。などの目標を立てて、そのためにどうすればよいかの計画を立てることが重要です。

●単位互換
自分自身が所属している大学以外の大学で授業をとっても、その授業が卒業の単位として認定される仕組み。いくつかの大学が、単位互換についての協定を結んで行われています。

●コンソーシアム
同じ地域の複数の大学が、協定を組んで、学生が単位の互換であるとか共同して教育事業を営む仕組み。たとえば、日本で一番規模の大きい「大学コンソーシアム京都」では、51大学が加盟して、約450の単位互換のクラスを提供するのみでなく、大学職員、教授のための研究会や委員会を運営したり、大学進学を希望する高校生向けのイベントや学生ベンチャーの支援、学生のインターンシップの運営なども行っています。

入学直後はまだ十分に考えていないかもしれませんが、絶えず卒業後に何をするかを考える必要があります。先輩や社会人の人々の話を多く聞いて、自分の将来進むべき道を考えるのです。この時に大事なことは、かっこよい、収入が多い、今後発展するだろうなどばかり考えるのでなく、自分に適したことは何か、自分の興味や関心は何か、どのような人生を送りたいのかなどをよく考え、それに合ったもので、よりよい職業を選ぶことでしょう。まだまだ先のことだからと先送りしないで、その時点で考えて、何かを一応決めて、それをするためにどうすればよいかも考えてください。これは時々見直して、変更することは当然問題ありません。

この「大学生活の目標」を毎月１度見てください。修正すべきことがあれば、修正してください。３か月に１度は真剣に考え直して、大きな修正があれば、再度計画を練り直してください。その修正版には、その時の年月日を入れて、古いのも保管しておいてください。１年に１、２度は、古いものと新しいものを比べて再度考えてみてください。

大学生活を有意義にするには、戦略と戦術を考える必要があります。戦略は、ここで考えた、大学生活をどのようにするかなどの全体的な構想です。それに基づいて、個々の計画を立てるのです。この計画が戦術です。よい戦略なくしてよい戦術はありません。日常のことに追われて、戦術ばかりを考えていたのでは、大きな戦略を間違える可能性は高いのです。

有意義な生活をする方法にスケジュールと日記を書くことがあります。

付属CD-ROM第２章参照

◆課題２　日記

付属のCD-ROMから「日記」を「大学」のフォルダにコピーして、「４月」のファイル名で保存します。最初に４月と書き込みます。

４月
１日
２日
３日
４日
５日
６日
７日
８日
９日
10日

11日
12日
13日
14日
15日
16日
17日
18日
19日
20日
21日
22日
23日
24日
25日
26日
27日
28日
29日
30日

　上記のスケジュール表に、すでに決まっている行事、約束、宿題などを赤で書き込みます。

　毎日夜寝る前に新たな予定を赤で書き込みます。

　黒でその日にした主なこと、考えたこと、学習したことなどを書きます。特に考えたこと、役立つ情報の入手方法などは今後の学習などに役立ちますので重要です。

　1週間の日記を土曜日の夜に読み直してください。そして、1週間の反省をし、来週からどのようにすればよいかを考えてください。その後に来週のスケジュールをチェックし、漏れているものがあれば記入し、来週の予定とするべきことを綿密に考えましょう。よい戦術を立てるのです。

CD-ROM版専用資料
Using Your Study Time Effectively
参照

タイムマネジメント

　皆さんは毎日どのように時間を過ごしていますか。えっ？　考えたことがない？　時間は限られたものですから、それを有効に利用するかどうかは大きな差がでます。試しに1週間どのような生活をしたか記録し

てください。

付属CD-ROM第2章参照

◆課題3　1週間の生活
　付属のCD-ROMから「スケジュール」を「大学」のフォルダにコピーします。これに可能な限り正確に毎日したことを記録してください。

	日	月	火	水	木	金	土
0:00							
1:00							
2:00							
3:00							
4:00							
5:00							
6:00							
7:00							
8:00							
9:00							
10:00							
11:00							
12:00							
1:00							
2:00							
3:00							

4：00

5：00

6：00

7：00

8：00

9：00

10：00

11：00

1週間の生活を振り返って有意義な生活をしたと思いますか。
以下の問いに答えてください。
1　勉強は1日平均何時間していますか。1週間では何時間ですか。
2　睡眠は毎日何時間とっていますか。
3　サークルや友人と1週間で何時間過ごしていますか。
4　テレビは1日平均何時間見ていますか。その主な内容は。
5　毎日ほぼ同じような日程ですか。日によりかなり異なりますか。
6　アルバイトは週に何時間していますか。

　作業効率のよい生活は、毎日ほぼ同じ時間に同じことをするような、規則正しい生活です。起床、朝食、昼食、夕食、就寝は毎日同じ時間になるように努力しましょう。

　皆さんは学生で、勉強が本業ですから、週に最低40時間は勉強してください。しかも、勉強は30分以内では非効率で、最低1時間、可能であれば、2〜3時間かためてするのが効率的です。

　睡眠時間は人により異なりますが、7時間、少なくとも6時間半はとるようにします。何となく夜遅くまで起きていることは避け、毎日12時には寝るようにしましょう。寝る時間を決めると、それまでにしなければならないことが終えられるようになります。睡眠時間が少ないと体調を崩す原因になります。

　大学へは毎日同じ時間に行き、授業のない時には図書館で勉強するの

がよいでしょう。（自宅から通っているのなら）同じ時間に帰宅して、家族と夕食を一緒にしましょう。たとえば朝8時に家を出て、夕方6時に帰宅します。

テレビはただ何となく見るのではなく、自分の見たい番組を週単位で決めて、それのみを見ます。多くても1日2時間程度にしましょう。

何をしているか分からない時間はどれくらいありますか。この時間が無駄なのです。これを少なくするように努力します。

通学時間やアルバイトへの移動時間は意外と長いものです。ラッシュアワーを避けて、読書などできるようにしましょう。MDプレイヤーなどを携帯して英語の聞き取りの練習をするのもよいでしょう。

スタディースキル

CD-ROM版専用資料
スタディ・スキルズ参照
付属CD-ROM第2章参照

大学ではただがむしゃらに学習してもよい成果は得られません。クラスは規則と慣習に基づいて行われています。クラスでよい成果をあげるには、戦術が必要です。講義の聴き方、ノートの取り方、テキストや参考文献の読み方、レポートのテーマの選び方、資料の収集や整理の仕方、資料の読み方、考え方、考えのまとめ方、レポートの書き方、口頭発表の仕方、テストの準備と受験の仕方、教授との付き合い方など多くの戦術を身につけなければなりません。これは後に詳しく説明します。

■ **まとめ**

- 大学生は自分の目標に合わせて、何をどのように学習するかを決めなければならない。
- 4年間の有意義な大学生活の計画を立てる。必要に応じて修正しながら生活する。
- 大学は受身的でなく、積極的に学習・研究するところである。
- 大学生は自由、つまり、自分で責任を持って大学生活をする。
- 時間は有効に利用する。
- 学習・研究を成功させるためには、スタディースキルを習得する必要がある。

CD-ROM版専用資料
Studying and Learning参照

第 3 章

大学の学習・研究の実際
石川有香

この章で学習すること

履修と登録
カリキュラム
クラスの種類
必修と選択
単位
クラスの受講
クラスのシラバス
クラスの参加の仕方、聞き方
成績

はじめに

　中学校や高等学校では、ほとんどの場合、クラスの全員が同じ時間割を使っていました。中間・期末の試験期間には、みんなでそろって同じ試験を受けました。ところが大学では事情が違います。将来どのような道に進みたいのか、そのためには、どんな勉強をするべきなのかを考えて、ひとりひとりが自分の時間割を決めてゆくのです。

　科目によっては、必ず時間割に加えておかないといけない「必修科目」と呼ばれるものもありますし、いくつかの中からいずれかの科目を選んで学習する「選択必修科目」もあります。「必修科目」や「選択必修科目」を学習しておかないと、上級生になって専門の勉強を始めることができなかったり、卒業することができなかったりします。また、希望をしても、所属の学部・学科・学年などに制限が設けられていて、参加できない授業もあります。

　さらに、大学では、卒業して社会人となるために必要な基準が、規則によって細かく定められているわけですが、そうした基準に到達するまでに、どの科目をどのくらい勉強すべきかといった研究の計画や成績の管理も、自分で行う必要があります。

　授業も、中学校や高校とは異なります。担当の教授によって、教科書の使い方、授業の進め方、成績のつけ方などが大きく違ってきますが、いずれの場合も、基本的に、教室に座って教授の話を聞いているだけでよいというような授業はありません。どの授業の場合でも、授業内容や授業に関する諸注意が書かれている「講義要綱」または「シラバス」などの冊子を最初によく読んで、積極的に授業に参加していってください。また、もし、分からないことがあれば、事務室などの相談できる場所で、相談してみましょう。

履修と登録

　大学では、自分の時間割を自分で決めてゆきますが、1時間目から最後の時間まで、毎日、全授業を受ける必要はありません。だからといって、大学での毎日が高等学校よりも楽だというわけでは、決してありません。1つの授業につき、たいていは授業時間の2〜3倍の時間を予習や復習に当てる必要があるからです。このことについては、「クラスの種類」というところで、もう一度見てみることにしましょう。

　さて、どの授業を受けるにしろ、勝手に教室に入って行ってよいわけ

ではありません。自分がその授業を受けることを前もって届け出る必要があります。これが「履修登録」です。どこの大学でも、履修登録を行う時期や期間が限られていますので、注意して手続きを行わないと、授業が受けられなくなることもあります。また、たとえ授業に出席していても、試験を受けることができなかったり、授業に出ていない人と同じ扱いを受けることになったりすることもあります。履修登録の手続きに関する諸注意は、たいていの場合、「履修要綱」「履修の手引き」「学生便覧」などといった名前の冊子で紹介されていますが、どこで、いつ、どのような届け出を行う必要があるのかは、自分で確認しなければなりません。

1年間の履修登録を4月に済まさなければならない大学もありますし、1学期ごとに履修登録を行わないといけない大学もあります。手続きのやり直しができる場合とできない場合がありますので、こうしたことも、合わせて確認しておいてください。「履修要綱」や「学生便覧」といったガイドブックは、図書館や大学事務室で見ることができます。係の人に尋ねてみてください。

履修登録の手続きを行うと、名簿に名前が記載され、授業担当の教授に届けられます。担当の教授が履修学生の名前を確認した後、やっと正式に授業に参加できるということになります。この一連の手続きが完了する時期は大学によって異なりますが、遅い場合は、授業開始から2か月以上かかることもあります。

カリキュラム

具体的にどういった科目を履修しなければならないのか、また、履修できるのかということは、学部または学科ごとに決められています。ですから、同じ大学の学生でも、入学した学部や学科が異なると、4年間に履修する科目数が大きく異なってくる場合もあります。これは、どういった科目をどの順番で履修してゆくと、最も効果的にそれぞれの専門的知識や技術を身につけることが可能であるかということを、専門家である教授陣が検討し合って、学部または学科ごとに「カリキュラム」というものが作成されているからです。クラブ活動やボランティアなどの社会活動を行う場合には、皆さんの所属は「大学」となりますが、科目履修を行う場合は、所属が「学部」または「学科」となることを覚えておいてください。従って、大学全体で行っている共通科目以外は、基本的に、異なる学部の友人と同じ科目履修を行ったり、同じペースで学業を修めてゆくことはできないということになります。

●カリキュラム curriculum
シラバス syllabus と同じような意味で使用されることもありますが、一般的に、日本では、学部・学科の教育目的や、学生／履修生の学習段階に応じた教育内容・教育手順を定めた全般的計画をカリキュラムと呼びます。一方、シラバスは、個々の授業科目の内容やその授業の進め方、評価方法などを詳しく記載した授業計画をさします。

カリキュラムは、知性豊かな社会人となるために一定の水準以上の幅広い教養と、特定分野のスペシャリストとして社会で活躍するために学部・学科の専門分野の知識・技能との、両方を身につけてゆくことを目標にして作成されています。前者のための科目は、「共通科目」「一般科目」「教養科目」などと呼ばれ、後者は通常、「専門科目」と言われています。さらに、「専門科目」と関連が深いが、他学部・他学科で行われている「関連科目」や、中学・高等学校などの先生になるための「教職課程科目」をはじめとする諸資格を取得するための「資格関連科目」などというものもあります。ここでは主に、「共通科目」「専門科目」「教職課程科目」に限定して説明したいと思います。

　さて、この章の最初で、大学での学業は学生が主体的に行ってゆくものであるということを述べましたが、好きな科目ばかりを履修したり、都合のよい時間に開講されている科目だけを目的も持たずに履修したりしていては、充実した大学生活を送ることができなくなってしまいます。多くの大学では、2年間または4年間などの限定された期間内で、順序よくまた効率よく知的発達を遂げるために、どの科目をどの学年で学習するべきかが、カリキュラムの中で定められているのです。

　たとえば、下表の場合では、「人間と環境」は1年生の前期に、そして「社会言語学」は2年生で履修することになっています。3年生の後期には「異文化交流論」、4年生では「言語行動分析演習」を履修することが期待されています。大学によっては、カリキュラムで上級の学年

カリキュラム例

	科目名	単位数			授業時間数 履修学年								備考	区分
					1		2		3		4			
		必修	選択必修	選択	前期	後期	前期	後期	前期	後期	前期	後期		
専門科目	人間と環境	2			1									講義
	社会言語学			2			1	1						演習
	異文化交流論			2						1			冬季集中	講義
	言語行動分析演習			2							1	2	履修条件：社会言語学の履修	実習
共通科目	英語	2			1	1							必修科目を含めて2科目4単位以上選択必修	講義
	上級英語		2				1	1						講義
	フランス語		2		1	1								講義
	ドイツ語		2						1	1				講義
	韓国語		2				1	1						講義

に配当された科目の履修登録を許可していない場合があります。その時には、「社会言語学」や「異文化交流論」などは、1年生が履修することはできないということになります。しかし、下の学年に配当されている科目を上級生が履修登録することは、たいていの場合、許可されています。上表の「社会言語学」の場合は、3年生や4年生による履修登録も可能となるでしょう。

　カリキュラムを見ながら履修登録の科目を決定してゆく際に注意しなければならないことは、時に、履修条件を付している科目があるということです。たとえば、上表の「言語行動分析演習」の備考欄には、「履修条件：社会言語学の履修」とあります。これは、4年生になって「言語行動分析演習」を履修登録するには、それまでに、「社会言語学」の履修を終えておく必要があるという意味です。従って、もし、卒業研究などで、言語行動分析に関する分野の研究を行い、4年生の時にこの科目を履修する必要が生じる可能性があるのならば、2年生または3年生の間に、「社会言語学」の履修を終えておかなければなりません。

　このように、履修可能な授業科目が学年別に決められていることが分かりましたが、授業によっては、クラスの指定も行われているものがあります。クラス指定は、学科別・名簿順・能力別・目的別などによって決定されていますので、指定がある場合は、これに従って履修登録を行ってください。

　最後に、「教職課程科目」について触れておきましょう。将来、教職に就くことを希望している人が、教員免許課程を設けている大学に在籍している場合には、教員免許状を取得するために必要な所定の科目を履修しておくとよいでしょう。最終的に取得できる免許状の教科や種類は、所属する大学・学部・学科によって異なります。通常、教職課程科目として履修する多くの授業が、学部・学科のカリキュラムに含まれていません。そのため、共通科目や専門科目に加えて、余分に、教職課程科目を履修する必要があります。現在は、教育実習に加えて介護体験実習も教員免許取得の必修要件に入っています。ただ単に、教職資格だけを取得しておこうというような安易な考えでは、教職資格どころか、学部・学科のカリキュラムもこなせなくなってしまいます。教職希望の場合は、入学後、早いうちから履修計画を立ててください。たくさんの教職課程科目を履修し終えても、学部・学科のカリキュラムが定める共通科目・専門科目としては、認めてもらえない科目が多いのですから、卒業に必要な最低条件を割り込まないよう、十分に注意して成績管理を行ってください。「履修の手引き」や「学生便覧」などで確認するとともに、大学の事務の方にも、よく相談しておきましょう。

●教員免許状の取得
幼稚園・小学校・中学校など、各学校の種類ごとに免許状の種類が異なります。また、中学校と高等学校では教科ごとに免許状を取得する必要があります。教員免許を取得するには、受講すべき授業の種類や数が細かく決められていますので、必ず、履修の時に確認してください。

クラスの種類

　中学・高等学校では、たいていの場合、3学期制となっていたと思います。そして、1・2・3学期を通して、同じ科目を学習してきました。1学期に「世界史」を勉強して、2学期に「日本史」をやったということはありませんでした。現在、多くの大学は、2学期制を採用しています。「前期」「後期」と言ったり「春学期（春セメスター）」「秋学期（秋セメスター）」と呼んだりします。「前期」だけで終わったり「後期」から始まったりする「半期科目」もありますし、1年間を通して開講される「通年科目」と呼ばれる授業もあります。さらに、夏休みや冬休みの間に、数日間連続で行われる「集中科目」というものもあります。大学の授業は、通常、90分を1コマと考えますので、中学・高等学校の2時間分を一挙に行うことになります。そして、「半期科目」は15回程度、「通年科目」は30回程度行われることになります。「集中科目」の場合、通常の授業が行われていない時に開講されます。毎週、土曜日に行われる場合もありますし、夏休みや冬休みに1日5コマを3日間連続で行う場合などもあります。

◆課題1　クラスの種類
　28ページの「カリキュラム」例に記載されている専門科目の4つの授業を「半期科目」「通年科目」「集中科目」に分けてみましょう。

半期科目	
通年科目	
集中科目	

　では今度は、28ページの「カリキュラム例」の右端に記載してある「区分」について見てゆくこととしましょう。上から順に「講義」「演習」「講義」「実習」……と続いています。この区分は授業の方法による分類を表すものですが、授業時間以外に、どのくらい勉強したらよいのかという、自主学習とも密接な関係があります。上で述べたように、通常、大学の1コマは実質時間で90分となりますが、「講義科目」や「演習科目」は、一般に授業時間のおよそ2倍から3倍の自主学習時間が必要であると言われている科目です。ですから、表中の「人間と環境」を履修した場合は、1回の授業につき、予習・復習または課題などを行うために、約3時間から4時間半をかける必要があると思っておいてください。もちろん、担当の教授によってはそれ以上の時間がかかる課題が

出されることもあります。逆に、人によっては、もっと少ない時間で課題が出来上がってしまう場合もあるでしょう。履修登録の際には、およその目安として、週1時間ある「講義科目」「演習科目」を1つ履修すると、その授業のためには3～4時間の自主学習が必要であることを勘案しておきましょう。

　一方、「実習科目」「実技科目」「実験科目」では、予習がしにくい授業が多いと言われています。言い換えれば、毎時間出席して、授業の中で知識や技能を修得してゆくことが重要となっている科目と言えましょう。自主学習の時間は、実質授業時間とほぼ同じ90分、またはその半分程度の時間でもよいとされています。しかし、実際には、もっと多くの自主学習時間が要求されることの方が多いようです。たとえば、実験の場合は、実験の目的や方法を確認したり、実験結果をまとめたりすることが必要となりますが、こうした学習の時間は決して少なくはないでしょう。後で詳しく説明しますが、授業の方法を詳細に記した「シラバス」や「講義要綱」をよく読み、自分が受講する授業では、どのくらいの自主学習が必要とされているのかを確認しておくとよいでしょう。

　このような大学の授業の仕組みが分かってくると、中学・高等学校の時のように、朝から晩まで授業を詰め込む形の時間割作成は不可能であるということが明らかになってきます。時間が空いていると思って、たくさんの科目を履修登録してしまうと、自主学習の時間が取れなくなり、消化不良になって、授業内容が分からなくなってしまったり、課題をこなすことができなくなったりします。大学によっては、充実した大学生活が送れるように、1年間に履修登録できる科目数に上限を設ける「キャップ制（上からフタをかぶせてそれ以上は履修できないという数値を設定する）」を採用しているところもあります。90分間にわたる大学での授業に盛り込まれる内容を十分に理解し、目標とする知的水準まで到達するためには、各自でよく考えて、適切な数の科目を履修するようにしてください。

◆**課題2　自主学習時間**
　1年生の前期に上例の「人間と環境」「英語」「フランス語」を履修した場合、1週間に必要な最低の自主学習時間は、およそ何時間になりますか。

必修と選択

　大学全体に共通の科目というものもありますが、ほとんどの科目は学

部・学科ごとに定められた個別のカリキュラムに則って運営されています。さらに、同じ学部・学科であっても、上級生になってからどの分野の学問を専門とするかに関しては、さらに細分化されることとなります。例えば、同じ大学の文学部の英文科でも、シェークスピアの『ロミオとジュリエット』を研究する人もいれば、"play the piano"という表現の中のtheの役割を研究する人もいるでしょう。しかし、将来、どういった分野の研究をするとしても、その学部・学科の所属学生なら、誰もが必ず基本として身につけておいてほしい科目というものもあります。こうした科目は、「必修科目」として、所属学部・学科ごとに定められており、必ず履修しておくことが義務付けられています。必修科目の履修が1科目でも終わっていないと、たとえ、他の科目でよい成績を修めていても、卒業できません。事情があって、必修科目に合格できなかった場合には、合格できるまで、何度でも履修する必要があります。とはいっても、大学によっては、特定の必修科目に関しては、履修を終えるべき期限が定められており、それを超えると、「留年」してしまったり、「退学」になってしまったりすることもありますので、注意が必要です。28ページの「カリキュラム例」では、「人間と環境」と「英語」が必修科目となっています。

　「必修科目」の他に、「選択必修科目」と呼ばれる科目もあります。これは、さまざまな科目からなる特定のグループを作成し、その中から、自分の興味や将来の専門に合わせて、1つまたは複数の科目を選んで履修するものです。

　「選択科目」は、将来どのような研究を行ってゆきたいのかによって、多くの科目の中から、自由に履修したい科目を選択し、学部・学科の規則にある上限または下限を超えないように履修登録してゆくことのできる科目です。

●必修科目
必ず履修し、合格しておかなければ卒業ができない科目です。

●選択必修科目
特定のグループの中から1つまたは複数科目を選んで履修し、合格しておかなければならない科目です。

●選択科目
将来どのような研究を行いたいかを考えて、多くの科目の中から履修したいものを選択して、自由に履修する科目です。

単位

　多くの中学・高等学校は「学年制」となっています。ある学年で学習すべき授業内容を終えると、次の学年へ進むことができました。ところが大学では「単位制」をとっています。履修した科目を受講し、最終的に「合格」の認定を得ると、その科目の学習時間を基に算出された数の「単位」が与えられます。この単位は、ある程度、普遍性を持ったものであると考えられていますので、他大学との単位互換などが行われる場合もあります。取得した単位の数や、単位数と成績を掛け合わせたポイント数が、学則で定められた規定数に達すると、卒業が認められます

（13章「テストの準備と受け方」参照）。しかし、その数を1つでも下回ると、卒業できずに「留年」してしまいます。大学によっては、専門的な研究（ゼミ・卒業研究）に着手するために必要な単位数やポイント数が定められており、数が不足すると、3年生または4年生に進級できないという場合もあります。また、多くの場合、卒業に必要な最低単位数についても、「共通教育科目」「専門教育科目」「関連科目」などの科目別に取得単位数が定められていますので、単位が偏ってしまわないように注意してください。

◆**課題3　卒業に必要な単位数**

「学生便覧」または「履修要綱」などのガイドブックから、所属学部・学科で定められた卒業に必要な単位数を調べて、以下の表を埋めてみましょう。また、ゼミや卒業研究の着手条件となっている単位数の規定条項はあるでしょうか。確認しておきましょう。

	必修科目	選択必修科目	選択科目	合計
共通科目				
専門科目				
（他学科）関連科目				
合計				

　卒業に必要なすべての単位数を1年や2年で取得してしまうことは不可能と言えましょう。先に述べたように、授業内容を十分に吸収できるように、1年間に取得できる単位数に上限を設ける大学もあります。現在では、学生の個性や能力差を伸ばすために、全体としては、こうした規則をなくしてゆこうとする方向に向かっていますが、上限制度（キャップ制）があるかどうかも「学生便覧」などで確認しておく必要があるでしょう。

　さて、カリキュラムを眺めていると、同じ「半期科目」で週に1コマの授業が行われているのに、単位数が「1」であるものと、「2」となっている科目があることに気付きます。これは、先に述べた自主学習時間を基に各学部・学科が独自に単位数を規定しているからです。「講義科目」と「演習科目」は、1回の実質授業時間は90分ですが、それ以外に180分から270分の予習・復習を行っていることを前提に授業が展開されてゆきます。従って、1つの「講義科目」か「演習科目」を履修すると、1回の授業につき、その科目に関する学習を4時間半から6時間ほども行ったと考えられます。半期科目の場合は、およそ15回行われるわけですから、その科目に合格した場合には、約70時間以上の学

習が行われたと言えます。そうした学習に対して、「1単位」から「2単位」が与えられるわけですが、単位数の多い科目の方が自主学習をたくさんしないといけないとか、重要性が高いなどというというわけではありません。卒業必要単位数や開講数など諸般の事情により、学部・学科で規定されているにすぎません。

「実習科目」「実験科目」「実技科目」では、通常、90分の授業を30回から45回受講して、やっと、「2単位」が認定されることになっています。この区分に分類されている科目は、通年の実験科目や課外活動科目が多いのですが、時には、2単位を取得するのに、週3コマの授業を15回受ける場合もあります。単位数と自習時間の目安を下にまとめておきますが、自習時間数は、担当の教授や科目、学習者個人によって、大きく異なることは言うまでもありません。また、大学によっては、「講義科目」と「演習科目」、または、「実習科目」「実験科目」「実技科目」の単位数を区別している場合もあります。

まとめ　2単位の場合の授業時間数と自主学習時間数の目安

	実質授業時間	自主学習時間（予習・復習など）
講義・演習科目	90分×15〜30回	1回の授業につき180〜270分
実習・実験・実技科目	90分×30〜45回	1回の授業につき45〜90分

◆**課題4　本年度履修可能な単位数と自習時間**

自分が所属する学部・学科の「カリキュラム」を見て、本年度に履修可能な科目の最大合計単位数と、それらを履修した場合に必要な1週間あたりの自主学習時間数を計算してみましょう。また、すでに履修登録が終わっている人は、自分の履修状況を確認して、すべての科目に合格した場合に取得できる単位数と、そこで必要とされている自習時間数を計算してみましょう。

クラスの受講

本来、科目区分は、授業の内容や進行方法の違いに基づくものです。次に、こうした区分による大まかなクラスの進め方を概観し、それに対応する受講の方法について見ておきましょう。

クラスのシラバス

大学では1つの授業科目ごとに、全授業回数分の授業計画を記載した

「シラバス」または「講義要綱」などというものが配布されています。これを見ると、どの学年を対象に、いつ開講される科目なのか、また、担当者は誰なのか、そして、どのような目標を持ち、どういった勉強をする科目なのか、さらには、毎回の授業では何が行われ、規定回数終了時にはどういった成績評価が行われるのか、また、合格した場合には何単位がもらえるのかなど、授業に関するあらゆる情報が記載されています。履修の注意や授業参加への条件などが記載されている場合もあります。大学では、授業方針や成績評価方法の決定は、通常、担当教員が独自に行うこととなっています。シラバスをよく読み、授業の運営方法をよく理解したうえで、履修登録してください。また、履修登録をした授業の開始前には、必ず、シラバスを見て、教科書や参考書、授業に携帯すべきものなどの諸注意も確認しておいてください。

クラスの参加の仕方、聞き方

「講義科目」の場合は、1回の授業につき、少なくとも3時間の自主学習を行っているわけですから、通常、授業時間内に学習すべき事柄がすべて提示されてゆくという方式がとられることはありません。教授は、学習の要点や自主学習の方法のみを授業時間内に講義します。詳細な情報は、授業時間外に読む「参考文献」から得、また「課題」を行うことによって、知識を自分自身のものとして使いこなすことができるようになることが、期待されています。各々の受講生がそうした教授の指示に従っていることを前提に、講義内容が組み立てられてゆきますので、授業内容は盛りだくさんで、進む速度も速くなります。受講生が内容を理解できているかどうかは、自主学習における各自の努力次第であるとも言えましょう。

受講者が多数の場合、「講義科目」の履修学生は、時に、ただ教室に座って教授の話を聞き、ノートを取っているだけであるかのように見える場合があるかもしれません。授業を欠席して、友人のノートを写させてもらっている人も見かけます。実は、担当教授の中にも、講義に出席しているかどうかは、あまり重要ではないと考える者さえいます。それは、「講義科目」では、自主学習がその中心であり、実際の授業は自主学習の方向を定める役割に過ぎないと考えられていることが多いからです。成績評価も、レポートや論述形式の試験で行われることが多く、その科目の内容について、各自がどのくらい深く理解し、どのくらい広い知識を身につけたかが問われることとなります。

しかし、同じ「講義科目」でも、少人数クラスの場合は、「演習科目」とほぼ同様の授業方法が取られています。「講義科目」の授業では、受講者が担当教授から知識を受け取るという、一方向のコミュニケーショ

ンが主軸となりますが、「演習科目」では、知識の提示の他に、受講者が担当教授の質問に答えたり、授業時間内に学んだ事柄や自主学習で調べた事柄についてプレゼンテーションを行ったり、さらには、受講者間でディスカッションを行うこともあります。講義や課題の文献から知識を得るだけではなく、学んだ知識について、自分で考え、自分の意見を発表してゆくことも求められるのです。こうした授業方針・成績評価の違いも、授業科目ごとに「シラバス」に記載されています。

　自主学習を行って、分からないことがあれば、担当の教授に質問をするとよいでしょう。ただし、授業は「シラバス」の授業計画に則って進んでゆきますので、自分勝手に質問を行うと、授業を妨害してしまいます。担当教授が質問を受け付けてくれている、授業外の時間（オフィス・アワーなど）を利用して、尋ねるようにしましょう。教授によっては、e-mailなどで質問を受け付けてくれている場合もありますが、複雑な相談は、e-mailで済まそうとせず、教授の研究室まで足を運んでください。

成績

　大学では、個々の授業担当の教授がそれぞれの受講者の評価を行い、合格水準に達していると認定した場合に、その科目に応じた単位数を与えることになります。試験、レポート・プレゼンテーションの出来栄え、授業への参加の度合いなど、多角的観点から評価を行う教授もいますが、どういった方法で評価が行われているのかは、シラバスを読んだり、教授の話を聞いたりして確認しておくとよいでしょう。

　成績は、「優」「良」「可」「不可」やA・B・C・Fの4段階制をとっている大学や、「秀」やA+を加えた5段階制をとっている大学もあります。また、大学によっては、100点満点の成績がつく場合もあります（GPAについては13章「テストの準備と受け方」参照）。「不合格」を意味する「不可」やFの場合は、単位が認められません。成績評価の方法は、「学生便覧」に詳しく記載されていますが、個々の授業における評価は、すべて、担当教授が担っています。評価などで疑問点がある場合、担当教授に質問をすることは自由ですが、最終的な決定は担当教授が行います。

　いったん、「良」や「可」の評価がついてしまった科目を、もう一度履修し直して、成績の評価を「秀」や「優」に書き換えてもらうということはできません。ただし、「不合格」または「不可」となった科目の場合、再履修時によい成績をとれば、Aや「優」がつく可能性もありま

す。

まとめ

- 「履修要綱」や「履修の手引き」をよく読んで、学部・学科のカリキュラムに則り、自分の目標に合わせて履修計画を立て、決められた期間に履修登録を行わなければならない。
- 自主学習の時間をとり、授業内容を十分に理解できるように、時間的にゆとりのある履修計画を立てなければならない。
- 進級条件や卒業条件に定められた単位数を下回らないように、成績管理・単位管理は自分で行わなければならない。
- 各授業科目の授業方針・授業計画・評価方法は担当の教授によって定められており、授業は「シラバス」に則って進められる。授業開始前には「シラバス」をよく読んでおかなければならない。

参考文献
清水一彦編（2004）『教育の全体像が見えてくる最新教育データブック第10版』時事通信社
成美堂出版編集部（2005）『教員採用試験完全ガイド（2006年版）教師をめざす人へ』成美堂出版
東京図書編集部（1999）『理工系のための大学院の歩き方』東京図書

COLUMN

成績評価

　筆者が卒業した大学は100点満点で成績評価を行っていました。大学3年生の時に、予想に反して、悪い成績がついていた科目がありました。思い悩んだ末、レポート・試験・小テストなどを持って、担当の教授の研究室まで確認に行きました。教授は、全部、調査してくださいました。その結果、成績表の一の桁と十の桁の数字が入れ替わっていたということが判明しました。コンピュータ時代とはいえ、入力ミスということもあります。皆さんも、日頃から、自分の成績は自分で管理するとともに、疑問があれば、担当の教授に尋ねてみましょう。

第4章

ノートの取り方
北尾謙治

この章で学習すること

ノートの種類
なぜノートを取るのか？
よいノートとは？
使用する文具
講義ノート
講義の前に
講義中に
講義の後に

読書ノート
読む前の作業
読んでいる時の作業
読み終わった後に

アウトライン
講義ノート
講義ノートと読書ノートの連結

はじめに

　高校では先生が授業の内容や要点を整理して黒板に書いて、学生はそれをただノートに写すような授業がほとんどだったかもしれません。試験前にテキストとそのノートを元に丸暗記するような勉強が多かったのではないでしょうか。自分で図書館に行って参考図書や関連図書を読み、その内容をノートして、それをまとめるような作業も少なかったでしょう。しかし、大学の学習は異なります。

　大学の講義では、講義の内容をまとめて整理し、板書してくれる教授はまずいません。板書されても、要点のみで、難しい語彙などの説明などほんの一部に過ぎない場合が多いのです。全く板書しない教授もいます。つまり、大学では、教授はあくまでも講義をする（話す）ことが仕事で、学生に分かりやすくその内容をまとめたり、それを板書したり、ハンドアウトを配布することは義務とはされていないのです。さらに、教授は、「ここは重要だからノートしなさい、ノートは取れましたか」などとは言ってはくれません。ノートを取るのに十分な間を持って話してくれるなどの配慮すらしない場合が多いのです。

　大学では、講義の内容やテキストを丸暗記して試験を受けるような科目は少ないのです。多くのクラスでは、自分で選んだテーマ、ある範囲の中で決めたテーマ、または、与えられたテーマで、自分でテキスト、講義、他の図書などを参考にレポートを書くことや、自分でまとめて理解したことを試されるテストが多くあります。それで、読書した場合にも、その要点をノートすることも多くあり、それをテーマに沿って構成して、レポートを書きあげる機会も多々あります。

　講義を聴いて、その内容を理解し、ノートを取るのは学生の仕事なのです。読書した場合も、図書館の本であれば、下線を引いたり、黄色いラインマーカーでハイライトするようなことはできません。重要なものはコピーすれば、下線を引いたりできますが、あまり多くコピーしたものをかかえても、必要な時に必要な情報が利用できるとは限りません。上手にノートを取り、整理して、必要な時に利用できるようにするのが重要なのです。それで、上手にノートを取れるかどうかは大学の学習と研究の成功の鍵になります。ノートを取ることは大学のみでなく、社会に出てからも会議、会った人との種々の話、読んだもののメモなど日常的に必要です。

●ハンドアウト
発表者が、発表を聞いてくれる聴衆に理解しやすくするために、発表内容を、ワープロで書いたものを紙に印刷して配布するもの。誤字がないように気をつけよう。ハンドアウトには、単なるデータや資料、話のアウトライン、要約などがあります。

CD-ROM版専用資料
Note Taking（from lectures）
Note Taking（from readings）
参照

ノートの種類

　ノートには、すでに説明したように、主に講義をまとめる講義ノートと読書内容をまとめる読書ノートがあります。それ以外にも、実験科目では、実験中にした作業、その結果などをメモした実験ノートをつけます。これは後のレポートの作成に利用します。

　上記のものが主なものですが、第1章で紹介したように、日記もつけてください。その日に起こった重要なこと、学習したこと、発見したこと、浮かんだよいアイデアなど、将来役立つことを整理して書いておき、時間のある時に読み返すと、非常に役立つ場合が多くあります。この日記もノートです。

　ここでは講義ノートと読書ノートを中心に説明します。先輩たちは悪戦苦闘してよいノートを取るように努力し、大学を卒業しました。これまでノートの取り方を教えてくれた大学はほとんどないと思います。以下のことを頭に置いておくと随分と役立つと思います。

なぜノートを取るのか？

　私たちは日常、人と話していて、重要と思う日時、場所、値段、誰と会うかなどをメモして、忘れないようにします。講義や読み物も同様に、重要なことをメモしておかないと忘れます。試験の前やレポートを書く時に利用できるように、将来の学習や研究に役立つようにノートを取るのです。つまりノートを取ることは、自分の知の世界を築くことです。

　ですから、ノートには講義や読み物の重要なポイントが整理されていなければなりません。ノートを見れば、講義がどのような内容で、どのような流れでされたかが再現できるはずです。つまり、ノートは講義や読み物の縮図のようなものです。ノートをつけることにより、どれだけ講義や図書が正確に復元できるかが重要なのです。

　ノートは、要点が整理されていて、後日の学習の参考にならなければ意味がありません。ノートを読み返して、以前の講義や読書の内容を思い出せるように、重要な内容が整理できるようにノートを取るのです。そのために、一目でよく理解できるように見やすい、読みやすいノートを取る必要があります。

よいノートとは？

　講義ノートや読書ノートで重要なことは、それを見て、講義や図書の内容がいかに正確に再現できるかということです。単に内容のみでなく、流れや講義をする人や著者の考えなどもよく理解できることが大切です。

　いかに内容がよく分かるものでも、苦労して読まないと理解できないものはノートとしてよいとは言えません。一目で要点が分かるように整理されたノートがよいのです。そのためには、構成がよく、見出しが分かりやすく付けられているなどの他に、それが、テキストの中見出しと一致している、図がある、重要なポイントは下線が引かれているなどの工夫がされていることなどがよいノートの要件になります。インデックスをつけるなどの工夫がされたノートはさらに利用しやすいでしょう。

　ノートをカードで整理することは昔からよくされてきました。しかし、今では、ワープロを利用して、整理するのがよいと思います。活字なので、非常に読みやすいです。

●カード
1つの情報を1つのまとまりとして取り扱う際にカードというものは重要です。コンピュータのない時代には、情報を分類したり、並べ替えたりするほとんど唯一の方法でした。現在でも種々のデータを整理保管するのに非常に便利です。カードは手元で順番を変えたりできることによって、いろいろな視点でアイディアを生み出すのにも便利です。また、本書12章「プレゼンテーション」で紹介しているように、プレゼンテーションを行うときに使う方法もあります。

付属CD-ROM第18章「ワープロの有効な使用方法」参照

使用する文具

　多くの人は大学ノートを使用しているでしょう。これはあらかじめ綴じてあり、科目ごとに1冊ずつ使用する場合が多いようです。しかし、これは追加の情報を補足しにくいし、不要なページをちぎり取ると見苦しいなどの欠点があり、よいノートを取るには不向きです。

　よいノートを取るには、ルーズリーフのようなばらばらの紙を綴じられるようになったものがよいのです。こうしたノートでは、後にページを挿入するのが容易で、追加の情報を補足しやすいからです。不要になったページも削除しやすく、見苦しくなりません。クラスで配布されたハンドアウトや図書のコピーも穴を開けて適所に綴じられます。ページの順序を入れ替えるのも容易で、レポートなどを作成するには非常に便利です。ただ気をつけなければならないのは、上手に整理するとよいノートになりますが、整理が悪いと、ぐちゃぐちゃになり、紙くずの山になりかねませんので、時々こまめに整理することが必要です。ルーズリーフは便利である反面、ページを失ったり、間違った場所に入れたりする可能性も高いので、各ページに何らかの印をして、どのノートか分かるようにし、順番を間違わないように気をつけましょう。

　このようなノートでは、科目ごとに仕切りを使用して、1冊のノート

に、何科目ものノートを入れておくことが可能です。科目ごとに整理し、さらに講義とレポートの準備のように再分類するなどして、ノートを保管できます。ただ、分量が多い場合には、何冊かに分けて、曜日ごとに受講している科目のノートをまとめておけば、1日1冊のノートを持って大学に行けばよいのです。

分厚いバインダーのようなものは、多くの紙を綴じられ、終えた科目のノートの保存には適していますが、現在使用中のノートには不向きです。分厚いのでノートに書き込みにくいし、真ん中の金具の部分が邪魔になり、書き込みにくいのです。

筆記具は使用者の使いやすいものでよいと思います。よく書き間違える人は鉛筆が修正しやすいのでよいでしょう。色の異なるボールペンなどをうまく使用すれば、それにより、内容を区別することも可能で、重要なところに色の下線を引いたり、ハイライトするなどの工夫もよいでしょう。

講義ノート

講義ノートを上手に取ることは大学での学習に非常に有益であることは申すまでもありませんが、仕事に就いても、講演や会議のノートを取ったりすることも必要で、一生重要なことです。

講義でノートを取る目的は、記録を残すこと、重要なことを明確にすること、そして、ノートを取ることにより講義に集中することです。上手に講義ノートを取る方法を説明します。

講義の前に

講義ノートを取ることは、講義に出てから始まるのではなく、それ以前から始まっています。

講義のテーマと内容をあらかじめ知っておくことや、講義のための読み物、テキストなどは前もって読んで、その日の講義の内容をよく理解してから出席することです。もちろん、ノート、テキスト、ハンドアウトなど、そのクラスで使用するものと筆記用具は持参します。

講義が始まる前に、その日時、講義名、教授名やクラス名をノートの上に書き込み準備します。

講義中に

講義中は、すべてのことを書き取ろうとしないことです。教授はあなたが書くより速いスピードで話しますので、全部を書き取ることは不可

能です。これをすると重要なポイントを聞き逃すし、多く書きすぎると、何が重要か分からなくなります。重要なことと、それが何かが分かる程度の説明か例などを書きます。

多くの教授は、その日のトピック、重要語の定義、重要なことの繰り返し、例を挙げることをします。重要なことはOHP、黒板、PowerPointやハンドアウトで示すことも多くあります。これらを必ずノートに書き、内容を理解しましょう。

教授者により異なりますが、何らかの重要なことを示す語彙を使用していますので、そこが重要であることは理解しなければなりません。「3つの理由が考えられる」と言えば、それが何か、「さらに、……」と言えば、それは追加の説明ですし、「結論として……」と言えば、それが結論で、最も重要です。そのような指示語は、聞き逃さないようにしましょう。講義は構成がよければ、序論から始まり結論で終わります。多くの場合、最後に要約がなされます。

重要なポイントでは、スピードが落ち、声が大きくなり、個々の単語を明確に話される場合が多いのです。その他の特徴として、学生の方に歩み寄る、教卓の後ろから出てくる、学生とより頻繁にアイコンタクトをとる、前にかがむ、手を使って強調する、などのシグナルが学生に発せられる場合があります。もちろんこれは個々の教授により異なります。

ハンドアウトがある場合には、それに書き込むことも可能です。または、ノートに別に書きます。いずれの場合も、ノートとハンドアウトを一緒に整理しておくことが重要です。

ノートを取りながら、全体を理解して、よく分からないことがあれば質問しましょう。クラスの皆に関係することは講義の時にクラスで質問します。自分のみが聞き逃したりした場合は、講義の後で友達に尋ねましょう。友達が分からない場合は教授に直接尋ねます。講義中に友達と話していると、講義の重要なことを聞き逃します。

講義の後に

クラスが終わってもノートを取る作業は終わっていません。まず、ノートを整理して、同じクラスのその日の場所に整理します。クラスの記憶がはっきりしている間にするのが賢明です。ノートが明確でないところは記憶で補えるからです。よく分からないことがあれば、友人に確かめるなり、重要なことであれば、教授のオフィスアワーに会いに行って質問します。決して分からないことを放置しておかないことが大切です。

難解な講義で、そのままではノートが読みづらいような場合は、ノー

●オフィスアワー（→第16章「教授と知り合い、指導を受けよう」）
教授が学生と面談して指導できるように、たとえば水曜日の3講時とか、オフィスアワーを設定している場合があります。この時間は、学生は自由に教授に研究室に会いに行って、指導を受けることができます。この時間帯以外に、教授の指導を受けたい場合は、アポイントメントを取ってから会いに行くのが礼儀です。

トをきれいに書き直します。欠落した情報を補足して、重要なことには、通し番号を付けたりして、情報の整理もします。

読書ノート

　レポートや試験のために図書を読む場合もノートを取りましょう。自分で購入した本やWebページをプリントした場合には、それに下線を引いたり、ハイライトしたりして保管することも可能ですが、重要なものはノートを取る方がより明確に理解でき、頭にも残ります。講義ノートより、読書ノートの方が、より詳しくなる場合が多いですが、目的に合わせて、どの程度詳しくノートを取るかを考えるのも大切です。

読む前の作業

　本の章や文章を読む場合に、いきなり読まずに、まず、タイトル、中見出し、写真、表、グラフなどを見て、何について書かれているか、どのような構成であるか、何が最も重要か、結論は何かなどを考えます。多くの場合に、最後に結論があるので、それを先に読むのも一案です。（第5章「大学生のための読解」参照）

読んでいる時の作業

　まとまった長さの部分を読む時には、論理の展開をたどりながら、ノートを取ります。どの程度詳しくノートを取るかは、目的によります。レポートの中心的なことであれば、詳しいノートを取ります。背景知識を得るために読むのであれば、主なことのみノートを取ればよいでしょう。

　ノートには、その文献の情報を最初に記入します。タイトル、著者、出版社、出版年、ページ番号などです。後でどの文献か分かることと、レポートを書く場合に、参考文献に記入できることが重要です。図書やWebページの場合は、その情報をインターネットからコピーした文献リストを作成し、保存して、ノートには文献リストのどれにあたるか分かるように記録しておくのが無駄な労力を使わなくて済みます。この文献リストは整理しておけば、他のクラスにも利用できます。（第5章「大学生のための読解」参照）

　ノートはアウトラインの形式で取るのが効果的です。そこまでしない場合でも、重要なことなどは、番号をつけておくと分かりやすいです。本の中見出しなどは、そのままノートにも書いておくと、どの部分の情報かがよく分かります。ページ番号も振っておきましょう。

本の文章をそのまま写した場合は、「　」に入れ、英語であれば、" "に入れ、それが、引用であることを明確にしておきます。レポートに利用する場合には、この引用であるかどうかを明確にしないと盗用と誤解されます。レポートは自分の考えと他人の考えとの区別も明確にしなければならないのです。盗用は試験の不正行為と同じで、クラスを辞めさせられるような結果にもなりかねません。（第11章「レポートや論文を書く」参照）

読み終わった後に

ノートを取り終わったら、読み直して整理します。これにより、何を読んで、何が重要であったかがよく分かります。自分のコンピュータがある場合は、ワープロでノートを取ることを練習するのもよいでしょう。あるいは、自分のノートをワープロに整理して書き込みます。

付属CD-ROM 第15章「プレイジャリズム」、第18章「ワープロの有効な使用方法」参照

アウトライン

アウトラインでは、情報を重要度に応じて階層に整理します。最も重要なのがローマ数字（Ⅰ、Ⅱ、Ⅲなど）、次が、大文字のアルファベット（A、B、Cなど）、その下の階層が、アラビア数字（1、2、3など）、4段目は小文字のアルファベット（a、b、cなど）です。

この章の講義ノートの取り方の一部のアウトラインを示します。

講義ノート

Ⅰ　講義ノートを取る長所
　A　情報を保存する
　B　重要なことを理解するのに役立つ
　C　講義に集中できる
Ⅱ　講義の前にすること
　A　講義の前に
　　1　読む宿題をする
　　2　ノートを取る準備をして講義に行く
　　　a　筆記用具
　　　b　ノート用紙
　　　c　その他
　　　　ⅰ　黄色いマーカー（蛍光ペン）
　　　　ⅱ　色鉛筆かボールペン
　　3　講義に遅れないように教室に行く

CD-ROM版専用資料
Note Taking（Outline）参照

Ⅲ 講義中に

　アウトラインを書く練習は大学生にとって非常に重要です。これができることは、講義や図書の内容の重要度がよく理解できているということです。さらに、レポートを書く場合も先にアウトラインを書いて考えをまとめ、それから本文を書くと、構成のよいレポートが仕上がります。(第11章「レポートや論文を書く」参照)

講義ノートと読書ノートの連結

　講義ノートと読書ノートを整理して結合すると、内容がより分かりやすくなります。コンピュータでする場合には、どちらかのノートに一方をコピーして作成すればよいのです。ただ、結合する場合に重要なのは、どの部分が講義で、どの部分がどの読み物かを明確にしておくことです。読み物が複数ある場合は、どちらの読み物かも明確にします。コンピュータを利用するならば、文字の色で識別するのも一案です。レポートを書く場合には、特に、どのような文献や情報源を利用したかを明確にしておくことが重要です。

付属CD-ROM 第15章「プレイジャリズム」、第18章「ワープロの有効な使用方法」参照

おわりに

　ノートを取る目的は、講義や読み物をよく理解すること、その内容を後日利用できるように保管することです。たんにレポートのためにのみノートを取るのでは、せっかくの労力と時間が無駄です。そのクラスが終わるまでは、ノートを読み直して時には復習してみましょう。さらに、そのノートが、どのような点で役立つかなどのコメントも付けて保管しておけば、他のクラスや、将来のクラスにも役立ちます。コンピュータを利用している人は、保管方法を決め、いつでも、必要なノートが取り出せるようにしておきましょう。

　読書ノートには文献リストも作成して、卒業まで情報を追加整理して利用することを勧めます。卒論を書く場合などに非常に役立つことは間違いありません。

　アウトラインは、講義を聴く場合、読書する場合、ものを書く場合に非常に役立ちますので、大いに練習して、よいアウトラインが書けるようにしましょう。

　ノートを取ることは大学のみでなく、社会に出てからも、会議、人と会った時の記録、読んだもののメモなど日常的に必要です。ひらめいた

よいアイデアを書き留めたり、考えたことをまとめたりして、よいノートを作りコンピュータで整理して、仕事に活用できるようになれると仕事もはかどることでしょう。

まとめ

- 大学では、ノートを取り、まとめて、保管し、うまく利用するのは学生の責任であり、仕事である。
- ノートには、講義ノート、読書ノート、実験などのメモ、日記などがある。
- ノートは講義や図書の要約で、よく分かり、それで、もとの内容を復元できるもの。
- ノートは時々見直して、補足や整理をし、いつでも利用できるようにする。
- 大学ノートよりルーズリーフの方が整理しやすい。
- 講義ノートを取るのは、記録を残し、授業に集中し、重要なことを明確にするため。
- 読書ノートは、最初に文献の情報を書き、後日利用できるようにする。
- 直接書き写したところは明確に記録しておく。
- アウトラインはノートを取るのに役立つ方法。
- 講義ノートと読書ノートは連結して、上手に保管する。

◆課題

1　講義ノートの取り方

付属のCD-ROMの石川先生のミニレクチャーのビデオを聞いて、ノートを取りましょう。

取ったノートを読み直し、補足や修正をして、保存できるようにしましょう。

用意された解答例と比較して、どの点が異なるか、なぜかを考えましょう。

2　読書ノートの取り方

「アウトライン」のセクションに講義ノートのモデルがあります。これに続けて、講義中と講義後のノートを取る作業のアウトラインを完成しましょう。

付属のCD-ROMに用意された解答例と比較して、どこが異なるか、なぜそうなったのかを考えましょう。

付属 CD-ROM 第4章「大学講義のサンプル」「よいノートの取り方」「悪いノートの取り方」「ノートの取り方の実例」参照

第5章

大学生のための読解

早坂慶子

この章で学習すること

関連知識(スキーマ)の整理と読む材料
読み物のタイプ
タイプに応じた形式
筆者やトピックについての情報
リサーチの背景のための読み物
リサーチに直接役立つ読み物
普段から情報を収集している読み物
文献

読み方
インテンシブ・リーディング
エクステンシブ・リーディング
スキミング
スキャニング
アカデミック・リーディング

目的に合わせた読み方
気楽に読むもの
レポートなどを書くために読むもの

内容整理
付箋の利用
ノートを取る
参考文献表を作る
要旨をまとめる
読書ノートを作る

読書習慣
毎日読む
図書館に足繁く通う
色々な場所を活用する

はじめに

世はメディア時代。音声、映像、文字による情報であふれていますが、その中でも文字による伝達は他の手段に比べ圧倒的に多いといえるでしょう。たとえば、講義もノートにして保存しますし、大学の勉強の資料は90％以上が文字情報です。

従って文字情報を的確に理解するスキルを身につけることは、大学生にとって大変重要です。しかも文字による情報伝達は、単に文字を読んで情報を得る受動的作業ではなく、自分の持っている知識や情報と照らし合わせて内容を理解する能動的作業です。読むという作業を通して思考力も養われます。この章では、読解のスキルを身につけるために必要な事柄を学びます。

読解の作業はだいたい次のようになります。

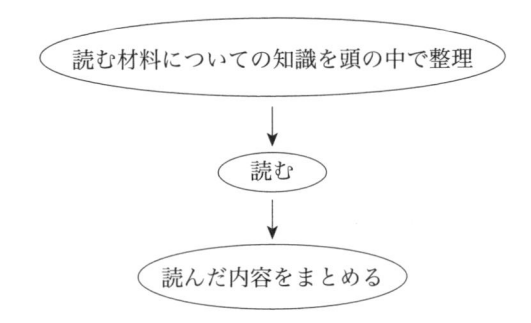

```
読む材料についての知識を頭の中で整理
            ↓
           読む
            ↓
       読んだ内容をまとめる
```

では、次に上の1つ1つについて少し細かく述べます。

関連知識(スキーマ)の整理と読む材料

スキーマとは一言で言うと「関連あるいは周辺知識や経験の記憶」という意味で、それを活性化させることが読解には不可欠です。たとえば新聞の中でテレビ番組欄がどこにあるかということを知らないと、新聞の1ページ目から1枚ずつ探し、ようやく最後までめくって番組欄にたどり着く、ということになってしまいます。現実にはどの新聞もテレビ番組は最後のページにあり、見つけやすくなっていますし、新聞ごとにチャンネルの順番が決まっています。その程度の知識はほとんどの人が持っているのではないでしょうか。筆者はイギリスの新聞でテレビ番組欄が見つけられなくて、苦労したことがあります。1枚ずつページをめくっても、とうとう発見できませんでした。実は別冊に載っていたので

●**スキーマ**
人間が持っている知識や経験は、それぞれがばらばらに保たれているのではなく、お互いに関連しあって記憶されています。その心的枠組みをスキーマといい、これを通して新しい知識が理解されます。つまり前提となる情報を持っていると、理解が深まるわけです。新聞を例にとると、日本のものは、第一面にその日のトップニュース、最後のページにテレビ番組、その前のページが社会面、という具合に統一されています。そのルールを知っていると、お目当ての記事を探すのは簡単です。ところが文化が違うと知識の枠組みが異なるため、理解が難しくなります。

す（日本ならお正月の新聞がそうですね）。それに気づいたときには、知識がないばかりにずいぶん損をした気分になったのを覚えています。

同様に、あるテーマのものを読む場合、そのテーマに関連して持っている知識を頭の中で大集合させ、それを整理します。するとこれから読もうとするものの内容理解が早く、正確になります。読解には、日頃からいろいろなテーマについての知識を蓄えておくことが大切なことは、言うまでもありません。

■読み物のタイプ（文学作品、論説、学術論文、教科書、通信文など）

読み物（「テキストあるいはテクスト」とも言います。教科書ではなく、文字で書かれた文献という意味）には上に挙げたような様々なタイプがあり、タイプによって構成、展開が異なります。本章では、文学作品は対象としませんのでご承知おきください。

■タイプに応じた形式（新聞社説、コラム、学術論文など）

新聞の社説は満員電車の中で立ったままでも読めるように、左上の外側に位置し、段落も短くなっています。コラムは比較的気軽に読める内容のものです。ともに起承転結の形を意識して書かれている場合が多く見られます。逆に学術論文はじっくり机に向かって読まなければ、内容把握は難しいものですし、分野によっては書式（スタイル）に違いがあります。たとえばある分野では、「問題提起」「研究方法」「結果」「考察」「結論」「引用文献」の順に書かれています。「序論」「本論」「結論」でまとめてあるものもあります。それぞれのタイプに応じた形式を整理しておくと、効率よく読むことができます。

■筆者やトピックについての情報（筆者の意見、立場）

読解は能動的な作業である、ということをこの章の最初に述べました。どんな読み物でも読み始める前に関連知識を整理しておきます。著者については、たとえばAという著者はどんな分野に詳しく、どんな意見を持っている、ということが分かっていると、理解度が高まります。トピックについては、たとえば「情報化社会と教育」について読む場合は、キーワード（コンピュータ・リテラシー、ユビキタス社会など）、情報化社会の現状、学校でのコンピュータ教育などについてあらかじめ知っていると役に立ちます。

大学の研究において、読むという作業の多くは何かについて調べるため、レポートを書くために行われます。その場合、読み物は2つに大別されます。周辺の情報を得るためと、中心となる情報を得るためのものです。さらに、何か特定の課題のためというよりは、できるだけ多くの

情報を得たい、という場合もあります。目的別に読むものを分類し、読む方法も使い分けましょう。

リサーチの背景のための読み物

リサーチのテーマに関連した読み物で、一般的見解、用語の概念、歴史的流れなどをつかむために読みます。あまり細かなことにとらわれずにどんどん読み進むほうがいいでしょう。

リサーチに直接役立つ読み物

これはリサーチの展開上中心的役割を果たす読み物です。自分の意見を大きくサポートする内容で、用語の定義がはっきりしており、かつ先行研究に言及しているものがあれば最適です。これは丁寧に読む必要があります。一度ざっと読み、もう一度最初から詳しく読み取るという方法でもかまいません。付箋を貼ったり、マーカーで色付けをしたり、さらにはメモを取りながら読みます。

普段から情報を収集している読み物

この手の読み物は大いに楽しんで読んでください。自分の好きなジャンル、話題に上っているもの、友人から薦められたもの、「図書館発表、いま学生に読まれている本ベストテン」など、何でもかまいません。どんどん読み進むうちにたくさんの情報が集められます。

文献

書籍、論文は、文中引用した文献を、最後に引用文献としてまとめてあります。慣れてくると、この文献一覧を見ただけで、本文の展開がある程度理解できるようになります。それほど重要なリストですから、注目しましょう。あわせて、教科書に挙げられている文献、講義中に紹介された文献、リサーチの中心になる文献、およびその文献の著者の他著などを整理しておきます。中にはどの本の引用文献リストにも現れる書籍、論文がでてきます。それらをメモしておきます。こうした読み物は、あとで必要になる確率が大です。「引用される回数でその読み物の価値が決まる」という言葉があるくらいですから（第11章「レポートと論文を書く」参照）。

(関根寿雄作　木版画書票)
読書用小物(1)
蔵書票（bookplate）
本の見返しに貼り、所有者を表します。古いものは「紙の宝石」ともいわれ、珍重されています。

読み方

読み方には以下に述べるような方法がありますが、どんな読み方をす

早坂慶子

るにしても、まず読み物のタイトル、写真、図、表、まとめなどを見て、テキストの内容を想像しましょう。見当をつけてから読むことが大切です。本であれば表紙デザインもイメージを得るのに大切です。目次、序文と読み進み、内容の概要、著者の意図などを汲み取りましょう。後ろの索引を見ると、本文で扱っている事柄が一目で分かります。洋書の場合、裏表紙に概要、著者略歴、書評などが載っている場合もあります。読み始める前に手にした本を最初から最後までざっとこのようにめくってみましょう。これで読みの準備が整いました。

では、読み方を種類別に紹介します。目的に合わせて実行してみましょう。

インテンシブ・リーディング (intensive reading)

「精読」のことです。これは1ページずつ内容をじっくり丁寧に読んでいく方法です。レポートの課題のために読む場合はこの方法が必要になります。言葉の定義、先行研究、著者の論点、主題などを細かく、かつ正確に読み取る必要があります。

また、内容理解からさらに発展させ、読み物の背景にある主義・主張に対し客観的に読む場合は、これをクリティカル・リーディング（批判的読み）と位置づけます。この分野では、豊富な背景知識をもって読むことが要求されます。

エクステンシブ・リーディング (extensive reading)

「多読」と訳されるように、本来、たくさんの本を読む中で、大まかな意味をつかむと同時に、読むことが楽しくなり、自然に読書の習慣が身につくことを狙いとした読み方です。細かなことはとりあえず脇において、全体をざっと読み通します。内容が理解できない箇所も、あまりこだわらずどんどん先に進みます。エッセイなど気軽に読むものはこの方法が適しています。読むことを生活の一部とするためにも、この方法で、たとえば毎日何ページ、とノルマを決めて取り組んでみるとよいでしょう。

スキミング (skimming)

「大意把握読み」のことです。全体をきちんと読む必要がない、あるいは時間がない時など、全体にざっと目を通し、必要な情報を得ることが可能です。その1つの手法がこのスキミングです。たとえば本の最初から最後までざっと目を通し、そこから話の内容や、著者の意見を大まかにとらえるには、この方法を用います。

学生の皆さんには、本を手にした時にまずこのスキミングの手法で、

●本のデザイン・本の仕組み
本の表紙デザインや色は、その書籍の内容を知る上で重要な手がかりになります。また本は、カバー、背文字、帯、表紙、タイトル、扉、目次、まえがき、本文、あとがき、著者紹介、奥付け（題名、著者名、出版社、発行日、印刷所、定価等）、広告などから構成されており、いずれも内容と密接に関連しているのです。

付属CD-ROM第14章「クリティカル・シンキング」参照

表紙から裏表紙まで、ぱらぱらとめくってみることをお勧めします。手をつけずに置いておくより、とりあえずは全体に目を通すことで、興味もわいてくるでしょう。

■ スキャニング (scanning)

「情報検索読み」のことで、特定の情報を求めて速読する方法です。あらかじめ知りたいことがある場合、それが書かれている場所をつきとめ、とりあえずはその箇所にだけ目を通す、という方法です。たとえば辞書でscanを探す場合、1ページ目のaから始める人はいないでしょう。まずsに飛び、cの最初の方、というように近づいていき、scanに到達するのが一般的な探し方です。この作業を行うにあたり、アルファベットの順序を知っていることが大前提であることはいうまでもありません。予備知識の有無が鍵となります。

■ アカデミック・リーディング (academic reading)

これは、上記の4種とは異なり、いわゆる「読みの方法」ではありませんが、学生が論文やリサーチペーパーを書くために必要な読み方として、ここに挙げます。

まず読みに入る前に、課題をしっかり把握します。課題によって、文献の種類と数、それに読み取り方、整理の方法が変わってきます。「〜を読み、日本の文化について、先行研究を踏まえたうえで著者Aの見解を述べよ」という課題の場合は、おそらくは主流といわれる先行研究のうち数点にあたり、それをまとめる必要があります。その上で、先行研究に相対する著者Aの意見を明らかにすることが大事です。

杉本良夫著「日本文化という神話」（岩波講座現代社会学第23巻『日本文化の社会学』7-37ページ）の冒頭部分を見てみましょう。

「日本人とは日本人論の好きな人たちのことだという冗談がある。日本文化が特殊独特だと思っている人が多いという点において、日本文化は特殊独特であるという命題もある。この方は単なるジョークではない。日本人や日本文化がどんなユニークな特徴を持っているかという問題をめぐって、多くの書籍や記事が書かれてきた。戦後50年だけに限っても、単行本だけでその数は千件を超えるだろう。これらの本の中には、ベストセラーになったものも数多い。『菊と刀』（ベネディクト、1949）『タテ社会の人間関係』（中根、1967）『日本人とユダヤ人』（ベンダサン、1970）『「甘え」の構造』（土居、1971）『ジャパン・アズ・ナンバーワン』（ヴォーゲル、1979）『ザ・ジャパニーズ』（ライシャワー、1979）などはミリオンセラーとなり、いまなお読みつがれている。日本文化論の隆盛そのものが、日本文化における注目すべき文化現象で

あるといっても、過言ではない。

　1990年代になっても、『日本とは何か』『日本人とは何か』といったタイトルの本が、著名なライターによって続々出版されている（たとえば、梅原、1990。堺屋、1991）。日本文化の真髄にせまるという試みは衰えを見せていない。むしろ、国際化の呼び声が高まり、外国との経済摩擦が激しくなるにつれて、「日本的」なるものを抽出しようとする努力は、勢いを増しているように見える。日本社会が海外との関係に巻き込まれる度合いが高まるという文脈の中で、日本人のアイデンティティーの揺らぎを防ぎ、その安定をはかるという需要は明らかに増えてきている。

　端的に言えば、日本文化論というのは「日本を欧米と比較し、その相違点を探り出し、それをもって日本文化のユニークさとするジャンル」（ベフ、1987、138頁）である。この領域は半学術的・半大衆的な傾向を持っており、「大衆消費財」（同、55-67頁）としての色合いが強い。日本文化論は、日本人論、日本社会論などとほぼ同義語として使われており、その中身もこの三者の間には大きな隔たりはない。

　このような日本文化論によって描かれる日本文化の属性は、大別して二つの偏りを持っている。ひとつは、属性を抽出する基礎となるサンプルと命題が適用される対象人口のゆがみである。もうひとつは、選ばれる属性そのものが、抽出者のおかれている利害関係や情報環境によって揺れ動き、単純化され誇張されて提出されるというバイアスである。」（7-8ページ）

　これは紙幅の関係で、30ページのうち、最初の2ページを載せたに過ぎないので、残念ながら著者の見解まで知ることはできません。4つの段落からなり、段落1と段落2が先行研究の紹介、そして段落3が1、2のまとめ。そして、段落4で著者は、これらの研究の不備を挙げています。

　しかしながらこれまでに述べた読み方の方法を駆使すると、もう少し多くのことが見えてきます。まずタイトルの中の「神話」という部分から、著者がこれまでの「日本文化」論に否定的であることが分かります。神話とは、「根拠もないのに、絶対的なものと信じられている事柄」（『広辞苑第5版』）であるからです。さらに付け加えるならば、著者はオーストラリア在住の日本人社会学者で、外側から見た日本についての研究書が多数出版されています。こうしたスキーマを活性化させると、この論文を読む楽しみは、「何が書かれてあるのだろうか」ではなく、「先行研究にどう反論しているのか」という具合に、読みの焦点がはっきりしてきます。最後まで、続けて読みたい気分になります。段落1、

段落2で挙げている文献のうち数点にあたって、先行研究をまとめるのもそう難しくはないでしょう。

このようにアカデミック・リーディングではまず、課題に即して何を読み取るのかをしっかり把握し、各章のポイントをまとめながら読み進めることです。

目的に合わせた読み方

上に挙げた読み方を目的によって使い分けてください。場合によっては1つの目的のために読む場合でも複数の方法を用いることがあります。

気楽に読むもの

気楽に読むものは、電車の中、授業の合間など無駄な時間を利用するとよいでしょう。大まかな内容を把握するのであればエクステンシブ・リーディングの要領でどんどん読み進みましょう。関心のあるところを先に読むのであればスキャニングが効果的です。

レポートなどを書くために読むもの

レポートなどを書くために読むものは、勉強部屋か図書館などで静かに集中して読むことが大切です。まず課題の意味をしっかり把握し、それに必要な図書を入手します。その中で、ある事柄だけを拾うのであればスキャニングの要領で、ある章の論点を探るためにはスキミングを用います。レポートの論点をまとめるための1冊、あるいは数冊は、しっかり最初から最後までインテンシブ・リーディングの要領で読みましょう。

内容整理

付箋の利用

学生の皆さんで、自分で読む本はすべて購入するという人はほとんどいないでしょう。図書館借り出しが一番多いという前提で話を進めると、書き込みをしたり、折り目をつけることは厳禁です。でも読み進むうちに「これは大事」「ここをレポートで引用したい」と思う箇所に出会います。そんな時には付箋（自由にはがせるのりの付いたもの）が便

利です。何色か用意し、「先行研究」「著者の主張」「自分の感想」「後でレポートに引用できそうな箇所」などをあらかじめ色別しておき、その付箋に、どうしてそこが大事なのかをメモしておくと、後で内容を整理する時に役立ちます。極端な話、1冊読み終えた後で、付箋のある箇所をもう一度スキャンするだけで、しっかりポイントを整理することができます。

また自分の本、あるいは図書館で複写したものであれば付箋は使わずどんどん線を引いたり、書き込みをすることができます。その場合も付箋と同様に何色かのマーカーあるいはボールペンを用意し、要点別に色分けしたり、線の種類（実線、波線など）で区別するのもよいでしょう。なお、複写に際しては著作権法を守ってください（第6章「情報収集」参照）。複写した文献は使用後、きちんとファイルしておきましょう。

ノートを取る

簡単なものはとりあえず上に記したように付箋にメモを書き込みますが、レポート作成のための読解の場合は、レポートのテーマを意識しながら読み、必要な箇所はメモしておくようにしましょう（メモの取り方は第4章「ノートの取り方」参照）。付箋を付けた箇所も読後にきちんとまとめておきます。

参考文献表を作る

読んだ本のリストをExcelで作っておくと、読書の記録になると同時に、後でレポート作成などに利用する時に大いに役立ちます（下図参照。）。

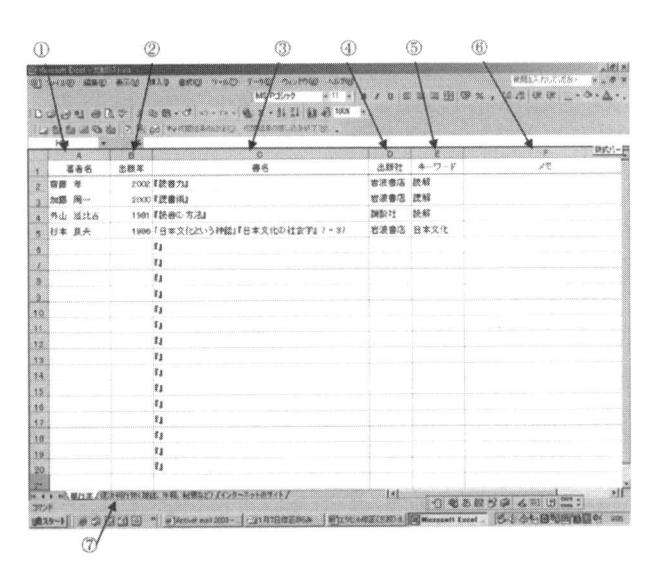

（きんのしおり梟 東洋精密工業）
読書用小物(2)
しおり
賢い鳥、ふくろうのものをよく見かけます。

付属CD-ROM 第5章参照

文献表に載せるのは①著者名、②出版年、③書名、④出版社などで、並べる順序の書式はたくさんありますが、ここではサンプルにあるような順序をご紹介します。⑤キーワード欄も作りました。もちろん皆さんが必要と思う項目欄を自由に追加してもかまいません。きちんと整理しておくと、後で必要に応じ、本棚の本を並べ替えるように、各項目別あるいはキーワード別の並べ替えが簡単にできます（第9章「情報の整理」参照）。⑥「メモ」欄には気がついたことを一言書いておくと後で役に立ちます。ただし、読書ノートを別に作りますので、ここのメモにあまり詳しいことを書く必要はありません。

単行本、雑誌、インターネットサイトの3シートを1つのブックに収納してあります（図左下⑦）ので利用してください。

文献については、読後に必ず付録のシートに記入し、保存しましょう。

要旨をまとめる

キーワード、付箋あるいはペンで印を付けたところを中心に、読んだものの要旨を簡単にまとめておきましょう。「〜について」では不十分です。たとえば「著者は、〜をもとに、何がどうである、と述べている。」と記します。

読書ノートを作る

各読み物について、読後にノートを作っておくと、読んだものの整理ができると同時に後々役に立ちます。ノートには主観的感想よりは客観的に内容をまとめたものを記しておくことが大切です。著者の見解をよく表している語句などはそのまま筆写すると印象に残り、後で参照する時に利用できます（第4章「ノートの取り方」参照）。

読書習慣

毎日読む

「読書週間」は、秋の10日から2週間程度ですが、「読書習慣」は1年中、毎日の実行がポイントです。読書を習慣にするには、常に手元に何種類かの本があることが大切です。「積ん読（つんどく）」という言葉があります。机の上に本を積んでおいたまま読まないことをいうのですが、皆さんには手の届くところに2、3冊常に積んでおくことをお勧めします。時間ができた時に「何を読もうかな」と考えるのではなく、「次はこれを読

読書用小物(3)
書見台
長時間の読書に役立つ書見台。写真のものは小さくたためる（2.5cm × 21cm）ので、持ち運びにも便利です。

もう」と思うものを近くに置いておくことです。同じ著者のものを数冊続けて読むのも一案です。その人の主張がよく分かりますから。

また、今読んでいる本に紹介されている文献で次に読みたい、あるいは読まなければならない本を用意しておくことも必要です。さらには、新聞や雑誌の「書評欄」に登場した本で、読みたいと思う本を積んでおくのもよい方法です。次の予定をはっきりさせておくことで、意識せずに読書の習慣が身に付いている、ということになります。

◼ 図書館に足繁く通う

図書館には新聞、雑誌、辞書、学術雑誌、専門書など色々なジャンルのテキストがあります。借りて読むのを習慣にし、貸し出し数ベストテンに入れば「図書館ニューズレター」に名前が載るかもしれません。もちろん講義の合間に新聞や雑誌に目を通すのも有効利用の1つです。読みたい本が蔵書にない場合はリクエストすると購入してもらえるかもしれません。あるいはよその図書館から借りる、というサービスもあります。図書館を積極的に利用しましょう（図書館利用については、第1章「大学の魅力」、第6章「情報収集」参照）。

◼ 色々な場所を活用する

目的によって、色々な場所での読書が可能です。情報収集のためには家で朝20分新聞を読み、乗り物利用の通学の場合は文庫本や新書などを利用すると、荷物にならず、場所も取らずに読書ができます（新書の種類については第11章「レポートや論文を書く」参照）。レポートを書くためのものは、図書館で最低1時間じっくりと読む必要があります。気楽な読み物は講義の空き時間、何かをするまでのつなぎの時間を大いに利用しましょう。また目的に合わせた読みものを決め、気楽に読める本は常に持ち歩くようにしましょう。

おわりに

読書は知識や情報を得るのに最も有効な手段です。特に学生にとっては、教科書・文献（書物、Webサイト）など、ほとんどが文字で与えられ、それを読みとることが期待されています。従って、それらを効果的に読み、理解するためには、読み物についての知識と読み方の方法を知る必要があります。

スキーマを利用する、ということは「知っていることを読む」ことでもあります。読む材料について、未知の状態からスタートするのではな

く、周辺知識を駆使して読み物に向かうことが大切です。日頃から色々なことに関心を寄せ、貪欲に知識を増やしてください。

最近はよく学生の「活字離れ」が言われますが、大学生にとって活字は大切な情報源であり、知識の宝庫でもあります。読書の習慣を身につけ、読むことを生活の一部にし、豊かな学生生活を送りましょう。

まとめ

この章では以下のことを学びました。
- 読むことは能動的な行為であります。従って読み物についての予備知識（スキーマ）がたくさんあるほど読解力が増します。日ごろから色々な知識を蓄えておきましょう。
- 目的によって、ざっと読むもの（スキミング）、必要な箇所だけ読むもの（スキャニング）、じっくり丁寧に読むもの（インテンシブ・リーディング）、面白いものをたくさん読む（エクステンシブ・リーディング）などがあります。上手に使い分けましょう。
- 必要に応じて、印をつけたり、付箋を貼ったりして、後で要旨をまとめやすいようにしておきましょう。
- 毎日読む習慣を身につけましょう。そのためには、あらゆる場所と時間を活用すること、そして読むものを常に自分の周りに置いておくことが大切です。

CD-ROMに入っているもの
【課題】
付録CD-ROMに収録

参考文献
アドラー, M.J. ＆ドーレン, C.V.（著）, 外山滋比古, 槙未知子（訳）（1997）『本を読む本（*How to Read a Book*, 1978）』 講談社学術文庫
加藤周一（2000）『読書術』岩波現代文庫
斎藤孝（2002）『読書力』岩波新書
外山滋比古（1983）『思考の整理学』ちくまセミナー
外山滋比古（1981）『読書の方法』講談社現代新書

第6章

情報収集
西納春雄

この章で学習すること

どのような目的でどのような情報を探しているのか
レポート作成の5つのプロセス
情報収集の目的と収集すべき種類を明確に
柔軟で臨機応変な情報収集を

どのような場所に情報があるのか
芋づる式の情報収集
入り口はデジタル
文献検索システムをマスターしよう

情報を探す
図書館の利用
インターネットと図書館
インターネットの情報検索
ディレクトリ・サービス
サーチ・エンジン
ディレクトリ・サービスとサーチ・エンジンの統合
リソースリストとデータベース

その他の資料

情報をどのように保存するか

はじめに

　現代は「情報化時代」と言われます。コンピュータをはじめとする情報通信機器とネットワークの発達によって、私たちはこれまでにない規模とスピードで情報を得たり発信したりすることができるようになりました。ともすればあまりの情報の洪水におぼれそうになります。ここでは、情報とは何か、どうすれば効率よく主体的に情報を収集できるのか、情報をどのように保存したらよいのかを考えます。

　まず、情報とは何かについて考えてみましょう。情報は様々な場で様々に定義されます。読者の皆さんは大学進学に際して、大学や学部の特色や教授陣の顔ぶれなどの「情報」を求めたでしょう。学年が進んでゼミを選ぶ時には、担当の先生の専攻分野や卒業生の就職先などの「情報」を参考にすることでしょう。

　何か事象を観測し記述したものがデータ（記録）です。データはそのままでは数値の羅列や観察記録であり、はっきりとした意味を持ちません。そのデータの存在が人によって気付かれ、意味を認められたときに、データは情報となります。さらに情報は人によって選ばれ、価値判断を下され、メディアを通じて、私たちに届けられます[1]。

　例を示します。最近の新たな調査によれば、日本の18歳人口は1992年約205万人のピーク時から、2004年度には約141万人にまで減少しました。減少傾向は2009年度の約120万人前後まで緩やかに続きます。以上は数値データで、そのままでは持っている意味がよく分かりません。そこで、この人口から大学・短期大学進学希望者の予想数を割り出します。一方で、大学・短期大学の入学者数を割り出しますと、2007年には2つの数字が約69.9万人となります。これは、大学に入学を希望するものはすべて大学に入学できる「大学全入時代」が、当初の予測2009年より2年早まって到来するということを示しています。これは、大学や社会に重大な影響をもたらし、大学にとっては新しい大学像が求められ、早急な対策が要求される重要な「情報」です[2]。このような「情報」が、新聞雑誌などメディアを通じて私たちのところに届けられるわけです。（データを目に見える形にすることについては、第9章「情報の整理」参照）

　通常、情報は文字や音声、画像などの形で私たちに認知されます。また、その性質に応じて、公共性の高い情報もあれば、個人にしか関わらない私的な情報もあります。この章では「情報」を、大学で学ぶ皆さんの学習・自己啓発のために役立つものに限定して、その収集方法を紹介します。

---

[1] 長田、菊地、板垣（1999）、p. 3.

[2] 中央教育審議会大学分科会（第35回）「『21世紀日本の高等教育の将来構想（グランドデザイン）』（構成案）」平成16年7月23日」。Retrieved January 4, 2005 from http://www.mext.go.jp/b_menu/shingi/chukyo/chukyo4/gijiroku/001/04081001/017.htm

どのような目的でどのような情報を探しているのか

学習のために情報を求める時にはその目的を明らかにすることが大切です。今、クラスでレポート課題「日本と外国の少子化対策について論じなさい」が出たと仮定しましょう。このレポートを仕上げるためにはいくつかの段階を経なければなりません。

■ レポート作成の5つのプロセス

レポートの課題を与えられて、レポート作成を開始し、完了するまでの作業は、以下の5つのプロセスに分けることが考えられます。

1. 問題点の発掘と主題の絞り込み
2. 絞り込んだ主題についての調査
3. 主題の決定と、構成の決定
4. 執筆と追加調査、構成の再調整
5. 仕上げの調整

(本格的なレポートの作成法については、第11章「レポートや論文を書く」を参照)

■ 情報収集の目的と収集すべき種類を明確に

上記の5つのプロセスにおける情報収集の目的は以下のように考えることができるでしょう。

1. この段階での情報収集の目的は、まず、日本と海外の少子化対策についての概括的な状況把握と、主題の絞り込みです。講義内容、現時点で持ち合わせている知識をすべて書き出すブレインストーミングを行い、論点を洗い出します。これと並行して、図書館で概説書や参考図書に目を通します。インターネットを通じて少子化を扱ったホームページを閲覧することも有効です。この過程で、論ずることのできる主題を大まかに絞り込みます。与えられた課題はかなり大きなものですので、論点を絞り込み、比較する国を限定する方向で進みます。
2. 前段階で絞り込んだ主題を論ずるための資料を集めます。ここでの情報収集の目標は、論点に集中して様々な角度から広くあるいは深く知ることです。少子化の社会的要因、施策の特徴、立案の過程、実施後の社会的影響などについて、日本と当該国の類似点と相違点の調査が必要です。主題をより明確にすることを念頭に置きながら、個々の論点に的を絞った研究書、新聞や雑誌の特集記事を探すことが役に立つでしょう。関連するホームページなど

●プロセスライティング
大学でみなさんが書くものの多くは、授業担当者に向けての報告、論述、論文、あるいは、ゼミなどでの発表原稿などでしょう。いずれも、論理的な構造を持ち、相手を説得したり、何かを証明したり、論述したりする内容のものです。このような文章は、ここに紹介するプロセス(段階)に沿って書くことを練習すれば、必ず上手に書けるようになります。このような、プロセスに沿って論理的な文章を書くことを、プロセスライティングと言います。

●ブレインストーミング
考えを出し合い、アイディアを活性化する技法のことです。これには約束事があります。それは、思いつきでもよいので、どんどんアイディアを出すことです。質より量を重視します。自分の意見と異なっても、決して他の人の考えを否定したり、批判してはなりません。このようにして、たいした考えでなくても、次々とアイディアを出しているうちに、よいアイディアが浮かんだり、アイディアの間に関連が見いだせたり、これまで考えつかなかったアイディアが生まれたりします。ブレインストーミングとはそのような創造的な活動なのです。

のリンクから、当該国の白書や統計資料などを入手することも有効です。

3. ここでは、集まった多くの資料から関連するものをグループにまとめ、主題を決定し、全体の論旨の流れを考え、主題と直接的に関係のない部分は切り捨てて矛盾のない論理を構成します。この段階での情報収集の目的は、論旨をより堅固にすることです。情報収集の過程で、必ず新事実や思いがけない発見があり、関心の方向が変化しますので、新たな参考書や資料を参照する必要が出てきます。

4. レポートを書き進める過程では、必ず資料の不足が明らかになります。上記の2、3の作業を繰り返すとともに、論旨を補強する具体的な事件や事例、あるいは動向を数値から裏付ける統計資料などが必要になります。具体的な事例は新聞雑誌データベース、判例データベースなどを検索して得ることができるでしょう。論説や統計資料が孫引きである場合には、直接原典に当たって確認する作業も必要になります。

5. 最後の仕上げの段階では、論文を大きく俯瞰する一方で、細部に注目する必要があります。全体を眺めて、主題が明確になっているか、論旨に破綻はないか、資料や具体例が有効に論旨を支持しているかなどをチェックします。一方で、細部に注目し、図版や表が効果的に使われているか、キャプションや注や書誌に誤りがないか、などをチェックします。後者の作業では引用元データや原典との照合が必要です。脚注・巻末注の付け方や参考文献表の作成方法については、ワープロソフトのマニュアルや論文作成の解説書を参照する必要も出てくるでしょう。

柔軟で臨機応変な情報収集を

このように、情報収集の目的と種類は、レポートや論文の進捗状況によって変化していきます。また、途中でそれまで明らかになっていなかった事実が明らかになり、既存の知識が再構築されて、漠然としていた目的や情報の必要性が急に明確になることもしばしばあります。主題からそれないことを念頭に置きながら、目的と種類に応じて適切な情報源を選択し、臨機応変にアプローチする情報収集術が、現実の場では必要になります。

どのような場所に情報があるのか

　情報のある場所は、情報の種類によって様々です。一般に資料には、観測結果や国勢調査やアンケートなど、未加工の資料である「一次資料」と、一次資料を編集加工したりした資料集・参考図書や、一次資料を基にした研究成果である論文・研究書などの「二次資料」とがあります。

　聞き取り調査やアンケートを行えば一次資料を得ることができます。この場合は、得られたデータから意味のある情報を引き出すのは、調査している本人になります。一方で、二次資料の多くは図書館を利用して参照することになります。自らデータを分析する場合においても、データの分析方法やまとめ方は何らかの参考書を参照して勉強しなければなりません。その意味で、どのような情報を得るにしても、すでに出版された文献は大きな力になります。そのような文献の存在はどのようにして知ることができるのでしょうか。（一次資料・二次資料についての詳細は、第9章「情報の整理」参照）

芋づる式の情報収集

　まずは、基本的な文献を入手して、調査研究の方法論や必読文献を知ることが必要です。全く予備知識なしに調査研究を始めることは考えられません。講義でレポートなどを課される場合には、教科書の他に基本文献や参考書が紹介されるでしょうから、それらをまず読んでみます。それらの文献で不十分な場合は、図書館で参考文献を推薦してもらうのもよいでしょう。図書館利用の項目で詳述しますが、その道をよりよく知る人に尋ねるのは、基本中の基本です。

　それらの文献を入手して読んだ時に、自分の興味を引く論点を展開する著者がいれば、その著者の他の著作物もさらに読んでみます。また、参考図書として言及されている文献、推薦されている文献にも注目します。多くの書誌や参考文献一覧に共通して取り上げられている文献は、基本的かつ重要であると考えられますから、見逃さず目を通す必要があります。

　このように、基本的な文献を起点として関連する文献を、いわば「芋づる式」に探っていくのは、情報収集の方法としてとても有効な方法です。この方法の場合、最初に取り上げる文献の善し悪しがその後の情報収集の結果を左右することもあるので、最初によい文献を入手する、あるいは推薦してもらうことが大切です。

第6章 ● 情報収集

入り口はデジタル

文献の所在を図書館で調べる際には、現在はどのような文献でもまず、「デジタルの入り口」を通らねばなりません。つまり、文献現物は、コンピュータ検索によってその所在が明らかになります。一昔前は、文献の所在データは文献カードに整理されており、それを調べて所在を知ることが一般的でした。判明する所在情報も、その図書館のものだけ、という時代が長くありました。

しかしながら、コンピュータネットワークの発達した今日では、大学図書館から、あるいは自宅に居ながらにして、自分の所属する大学の文献情報はもちろん、地方の公共図書館や、日本国内の大学や研究所の図書館に所蔵する文献も所在情報が分かるようになりました。また、海外の大学の文献すら自宅のコンピュータから手に取るように分かります。

下の図は同志社大学図書館の文献検索システムDOORSの検索画面です。1つの画面から、同志社大学、京都大学、国会図書館、全国の大学図書館を検索できるNACSIS Webcatなど、多数の図書館データベースを横断検索できるサービスが提供されています。自館所蔵図書に関しては、貸し出し予約をオンラインで受け付け、本が返却されればメールで通知が来ます。

● NACSIS Webcat
これは、全国の大学・研究期間などの図書館が所蔵する図書雑誌の所蔵データで構築した目録データベースを、Web上で検索できるようにしたシステムです。ヒットした文献の所蔵図書館が一目でわかり、大学生や研究者にとっては大変便利な文献目録サービスです。Webcatの姉妹データベースサービスに、Webcat Plusがあります。こちらは、タイトルそのものにキーワードが含まれていなくても、関係すると思われる文献を紹介してくれる「連想検索」が可能な文献目録サービスです。ぜひ利用してみましょう。

同志社大学文献目録システムDOORS　http://doors.doshisha.ac.jp/

文献検索システムをマスターしよう

文献検索に習熟することは、大学での知的な活動の基本です。文献検

索の方法を熟知すれば、図書館を思う存分使うことができます。また、検索技術の応用として、インターネットの情報検索も上達します。まずは、皆さんの所属する大学の文献検索システムに慣れ、必要な文献情報を効率よく入手する方法をマスターしましょう。

情報を探す

　論文作成に伴う情報収集の概略は以上のようなものです。では、具体的に情報を探す方法を、「道具」別に見ていくことにしましょう。

図書館の利用

　図書館利用に不慣れなうちは、図書館の相談窓口レファレンス・サービスを利用することをお勧めします。図書館の相談係は司書の資格を持つ情報探索のエキスパートです。あらゆるジャンルについてあらゆるレベルの情報探索の相談に乗ってくれます。その図書館が所蔵する資料の範囲や配架位置を熟知していますので、日頃から利用している図書館でも、新たな分野で情報収集が必要な時に相談すると、これまで自分が知らなかったところに意外な資料があることに驚かされたりします。

　いずれの大学でも図書館は学習と研究のために不可欠な存在です。参考文献、年鑑、統計資料、一般書籍、画集、地図、新聞雑誌などはもちろん、大学での高度な研究を可能にするための、研究書、研究雑誌などを、国内はもとより外国からも広く、内容を吟味しながら集めています。多くの場合、大学の中央図書館は主として学生の学習用図書館という位置づけですが、各学部や研究所にはそれぞれ独自の研究用図書館（書庫）があり、学術性の高い文献が多く収集されています。また中央図書館においても、通常閲覧できない閉架書架の部分には、貴重な研究資料や稀覯書などが保管されていて、資格を満たせば閲覧することができます。

　また、近年図書館には視聴覚資料も充実してきました。従来は語学教材が主体でしたが、最近はクラシックからポピュラー、ジャズなどの音楽、日本や外国の映画、国内外で作成されたドキュメンタリーや外国のテレビドラマなども収集していますので、これらを視聴することもできます。

　もしも求める文献や資料が図書館になければ、その資料を保有する図書館に紹介状を書いてもらうことや、図書館の相互利用システム（ILL、インターライブラリーローン）を利用して他の図書館から借用することも、きわめて迅速にできるようになりました。

●レファレンスサービス
図書館は、本を貸してくれるところだと思っている人も多いかもしれませんが、レポートを書くときなどに実際に役に立つ機能はレファレンスサービスです。コンピュータで検索するだけではなく、何か分からないことがあったら、カウンターでレファレンスサービスを行っている司書に、遠慮なく聞いてみましょう。リサーチの基本を手ほどきしてくれたり、自分では気が付かなかった基本的な資料や意外な資料を教えてくれることでしょう。

●図書館の相互利用システム（ILL、インターライブラリーローン）
その図書館に所蔵していない本であっても、所蔵している図書館から、その本を取り寄せてくれる仕組みのことです。たとえば、大学図書館から、別の大学の図書館の本や国会図書館の本を取り寄せることもできます。個々の図書館は特定分野に特に充実した蔵書を持つことがしばしばありますので、お互いにその強みを融通し合っていろいろな情報にアクセスできるようにするサービスです。大学図書館同士、地方の公共図書館同士、あるいは大学図書館が地域の公共図書館と連携している場合もあります。

大学の図書館が他の公共図書館と異なるのは、研究用図書が充実していることと、大学生が利用するにふさわしい学習用の文献を、大学の特色を生かしながら、広く収集していることです。各大学の図書館はその大学の頭脳であり、大学は文献の充実に力を注いできました。古くからの伝統ある学部学科を持つ大学では、研究用の図書も世界水準で充実しています。この知の宝庫を十分に使うことが、大学生活での情報収集の基本となります。

■ インターネットと図書館

先に述べたように、図書館の豊富な資料にアクセスするには、コンピュータネットワークを利用して所在情報を得なければなりません。このコンピュータネットワークは、現在、インターネットと同義になっています。つまり、図書館の検索サービスもインターネットのWebブラウザから行われるようになり、インターネットを利用できることが、様々な情報への入り口として必須になってきています。

■ インターネットの情報検索

図書館の文献検索以外にも、インターネットは大きな百科事典として使うことができます。インターネットのWeb（WWW: World Wide Web）システムは情報を満々とたたえた大海原と言うことができるでしょう。この大海原には、権威ある著者によって書かれた信頼できる情報もあれば、私的な見解から書かれた情報、人を欺くための虚偽の情報まであります。まず情報を探しだすこと、次にその情報が信頼できるか否かを見極める判断が利用者に求められます。その際に必要なのは、インターネットの検索システムを熟知することと、情報に対する批判的な見解を養うことです[3]。インターネットの検索システムには大きく分けて2つの種類がありますので、それらを順に解説します。

■ ディレクトリ・サービス

「ディレクトリ」とは、「サブジェクト・ディレクトリ」のことで、日本語に訳すならば、「主題別索引」となります。英語の"telephone directory"が「電話帳」を意味し、職業別「電話帳」が分野別に電話番号を整理していることを思い出すならば、このサービスの特徴がよりよく理解できるでしょう。すなわち、ディレクトリ・サービスとは、インターネット上の情報源を主題別に分類して紹介するシステムです。情報はその内容によって、階層構造を持った分類項目（ディレクトリ）の中に整理されています。

"Kyoto Protocol"（京都議定書：地球温暖化を防止するための国際条

---

[3] 本書第7章「インターネット」「情報の質を見極める」以降を参照。

約）を例として取り上げます。代表的なディレクトリ・サービスであるOpen Directoryを用いて検索すると、これは、Science＞Environment＞Global Change＞Policyに分類されており、検索結果には、求める情報に至るまでのディレクトリの構造と、検索語に関連したページへのリンクが表示されます。それぞれのディレクトリの中には関連するサブ・ディレクトリやリンクが整備されています。"Kyoto Protocol"は上記の分類の他にも、Science＞Environment＞Global Change＞Activists and NGOsや、Regional＞North America＞United States＞Government＞Legislative Branch＞Senate＞Treaties＞Environmentalなど5つの異なったディレクトリからアクセスできるようになっており、それぞれのディレクトリをさかのぼることで、"Kyoto Protocol"を扱う異なった視点を知ることができます。

このように、ディレクトリの検索は、一枚一枚のWebページの中身に対してではなく、分類項目に対して行われるのが基本です。ディレクトリ・サービスの場合、情報の選択と仕分けは人手によって行われているため、質のよい情報を得る可能性が高くなります。ディレクトリ・サービスでもっとも規模が大きく人気のあるYahoo!は、Web全体の情報源を厳選した約5％をディレクトリに登録しています。ディレクトリ・サービスには代表的なものがいくつかありますが、それぞれが独自の特徴や強みを出そうと、独自の原則に従ってWeb上の情報を選別し分類しています。

代表的なディレクトリ・サービスには、以下のようなものがあります。

Yahoo!（Japan）：	http://www.yahoo.co.jp
Infoseek（Japan）：	http://www.infoseek.co.jp/DHome
Yahoo!（US）：	http://www.yahoo.com
Open Directory（US）：	http://www.dmoz.com

サーチ・エンジン

サーチ・エンジンは、インターネット上のWebページの情報を収集して、データベース化し、利用者からの検索要求に対して、結果を返すサービスです。Webページの収集には「ロボット」と呼ばれる自動巡回情報収集ソフトウェアが用いられますので、別名「ロボット型」情報検索サービスとも呼ばれます。ロボットは、Webページの文字情報や画像情報まで収集するため、情報量は膨大になります。しかしながら、高速検索が可能になるように索引付け（インデックス化）されているため、検索は瞬時です。サーチ・エンジン独自の方法で有用性の高さを判断し、高いと思われるものから順に検索結果としてリンク情報を表示し

●Yahoo!
Yahoo!のディレクトリ・サービスは、米国スタンフォード大学の2人の大学院生、デビッド・ファイロ（David Filo）とジェリー・ヤン（Jerry Yang）によって、1994年に開始されました。インターネットに散在する貴重な情報資源が、正確に分類され、効率的に利用できるデータベースサービスの誕生です。当初Yahoo!のシステムは"akebono"（曙）"konishiki"（小錦）と名付けられた2台のコンピュータに置かれていたそうです。そう、2人は日本の相撲のファンなのでした。

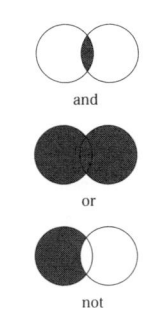

● ブール論理

検索のためにはキーワードを論理的に組み合わせる必要があります。論理的に組み合わされた検索語句の並びを「検索式」と呼びます。もっとも基本的な検索式として知られているのが、19世紀半ばの英国の数学者George Booleによって考案された集合の考え方「ブール論理（Boolean logic）」です。これは、Web上の検索のすべてに応用できるもので、ぜひマスターしておきたいものです。ブール論理の基本は3つの連結語、and, or, notです。キーワードが検索結果に含まれているべきならばandを、いずれかの語が含まれているべきならばorを、含まれるべきでないのならばnotを用います。犬と猫に例をとるならば、cats and dogs, cats or dogs, cats not dogsとなります。

ます。サーチ・エンジンには代表的なものがいくつかありますが、上記の機能が少しずつ違うことが、検索結果の大きな違いとなって現れます。

検索のためにはキーワードを論理的に組み合わせる必要があります。論理的に組み合わされた検索語句の並びを「検索式」と呼びます。サーチ・エンジンの多くは、キーワードをスペースで区切って並べた場合には自動的にandの意味に解釈します。また、andを「＋」記号で、notを「－」記号で表記することもほぼ共通しています。検索式を立てる際には、何が含まれるべきなのか、何が含まれるべきでないのかを、はっきりとさせることが大切です。Googleでは、スペースで単語を区切れば、自動的に「＋」と解釈します。そのキーワードを除外するには直前に「－」を付けます。また、検索語句がそのまま含まれるページを探すには検索語句を"Kyoto Protocol"のように半角のダブルクォーテーションマーク「" "」でくくった「フレーズ検索」を行います。日本語の場合にも、「" "」でくくらないと、自動的に語を分ける「分かち書き」で検索されることがありますので、必要に応じて検索語を「" "」でくくって、結果を比較してみてください。

サーチ・エンジンは、単純な検索式ではヒット数が非常に多くなりますので、必ずしも目指す情報が効率的に見つかるとは限りません。しかしながら、検索式を工夫することによって、検索対象や検索内容を詳しく絞り込めること、最新の情報源が入手できる場合があること、ページの内容まで検索できるために、あまりよく知られてはいないが重要な情報を掲載したWebページが見つかる可能性があります。

代表的なサーチ・エンジンとしては、以下のようなものがあります。

  Google（Japan）： http://www.google.co.jp
  Google（US）：   http://www.google.com
  Altavista（US）： http://www.altavista.com
  MetaCrawler（US）： http://www.metacrawler.com/

ディレクトリ・サービスとサーチ・エンジンの統合

当初は別個に発展してきた2つのサービスですが、近年はこれらの2つを統合した形で情報検索サービスを提供するサイトが多くなりました。たとえば、Yahoo!（USA）の通常検索は"Web"に設定されており、検索結果として上位に「Yahoo!が分類した」URLが優先的に表示されますが、その後には「Yahoo!のサーチ・エンジンが検索した」結果が表示されます。検索を"Directory"に設定すると、ディレクトリの検索結果のみが表示されます。Infoseekも同様ですが、この場合には、サーチ・エンジン部分をGoogleが担当しています。一方でGoogle

●Google
Googleはインターネットで現在もっとも人気のあるサーチ・エンジンです。スタンフォード大学の大学院生ラリー・ページ（Larry Page）とセルゲイ・ブリン（Sergey Brin）によって1998年に開発されました。「ページランク」と呼ばれるWebページの重要性を測る独自の方法によって、重要と思われるページを高位に表示できる検索効率の高さが人気の秘密です。他のディレクトリ・サービスやサーチ・エンジンにも組み込まれ、インターネットユーザはこのサービスのお世話にならない日はない、と言っても過言ではないでしょう。そのため、英語では"google"という動詞が生まれ、日本語でも「ググる」という表現が使われるようになりました。トップページのデザインがシンプルで、季節やイベントを反映したロゴデザインの変化も楽しいです。

にも、"Directory"（http://www.google.com/dirhp）を選択して検索することができるようになりました。二種類の検索システムの境界が曖昧になってきていることは、どのような検索においても何らかの結果が得られるという点では、利用者にとって喜ばしいことですが、一方で、どのようなデータをどのような方法で検索しているのかが見えにくくなっています。検索にある程度習熟したなら、ディレクトリ・サービスと、サーチ・エンジンを意識的に使い分けて、それぞれの特性を理解し、より効率的な検索方法を見つけ出しましょう。

リソースリストとデータベース

　リソースリストは、別名メタ・リストとも呼ばれます。ある分野の内容について熟知している個人の研究者や図書館などの機関が、特定分野のホームページのURLを集めて一覧表として作成し、インターネット上に公表しているものです。専門や関心に応じて、様々な内容のものが作成されています。統一した基準はありませんから、信頼性は様々ですが、中にはその分野にとってなくてはならないものもあります。有名なサイトは関連するWebページなどに頻繁に引用され、ディレクトリ・サービスやサーチ・エンジンで検索すれば、高率でヒットします。日本発の人文系一般のリソースリストとしては、アリアドネ（http://ariadne.ne.jp/）が有名です。首相官邸（http://www.kantei.go.jp/）や米国大統領官邸（http://www.whitehouse.gov/）もそれぞれの政府の公報へのリソースリストと言えるでしょう。

　データベースは有料で提供されるのものが多いですが、大学図書館で

●アリアドネ
翻訳家の二木麻里さんが主催しているインターネット上の情報源のリストです。もともとは、二木さん自身の仕事などに必要な調べもののために手元で作っていたリソースリストでしたが、知人の研究者、実務家、劇作家などの様々な人々の助力を得て、「共用の本棚」までに発展していきました。人文系の情報源が豊富です。アリアドネは、ギリシャ神話のミノスの娘で、テセウスをミノタウロスの迷宮から抜け出させるために、導きの糸を渡しました。つまり、迷宮の中から抜け出せるようにする情報源という意味になります。

は、一部の特殊なものを除いて、利用者の負担なしに使えるデータベースを多く用意してあります。これらは新聞・雑誌、学術雑誌、名士録、百科事典、語学辞書などで、提供される情報に信頼がおけ、サービスの内容も充実しています。一方でインターネット上に構築されているデータベースの中には、ボランティアの協力によって作成された、無料で利用できる優れたものもあります。例としては、インターネット上の多言語の百科事典Wikipedia（http://en.wikipedia.org/）や、ハリウッド映画を中心とする世界最大の映画情報データベース、Internet Movie Database（http://www.imdb.com/）などがあります。

各大学の図書館では、その図書館が購入している有料のオンライン・データベースや、CD-ROM上のデータベースが利用できます。以下は同志社大学図書館からアクセスできるオンライン・データベースの一部です。みなさんの大学でどのようなデータベースの利用が可能なのか調べてみましょう。

「データベース検索の利用について」（部分）
http://www.doshisha.ac.jp/gakujo/library/database/index.html

事象・ことがら	
ジャパンナレッジ	説明
ネットで百科 for Library	説明
Oxford English Dictionaryオンライン版 NEW!	説明

資料内容・所蔵	
BOOKPLUS	説明
DOORS Free	説明
国立国会図書館NDL-OPAC Free	説明
NACSIS-Webcat Free	説明
Webcat Plus Free	説明
全国新聞総合目録データベース Free	説明
British Library Public Catalogue(BLPC) Free	説明
COPAC Free	説明
Ulrichsweb.com	説明

判例・法令	
判例体系 学内	説明
法令データ提供システム Free	説明
法律判例文献情報 学内	説明
官報情報検索サービス（無料）代行	説明
TKC LEX/DB	説明
LEXIS-NEXIS™ Academic	説明

その他の資料

　調査や研究の性質によって、必要とされる情報や情報源は異なります。主なものとしては、辞書、事典、概説書、研究書、専門雑誌、紀要論集、書誌、公文書、新聞雑誌記事、統計データ、判例、議会議事録、視聴覚資料、Web上の文書や個人の発言、コンピュータコーパスなどが考えられます。いずれの情報源に情報を求める場合にも、行き当たりばったりの試行錯誤を繰り返していては、時間ばかりかかって効率が上がりません。担当の先生やレファレンスの専門家のアドバイスを得ながら効率のよい情報収集ができるように練習しください。

情報をどのように保存するか

　得られた情報を保存する際に大切なのは、規格化して保存すること、再利用できる形で保存することと、情報源に遡及できるように保存することです。

　保存の方法は個々人の好みによって様々ですが、代表的なものには、カード法と、ノート法があります。カード法は、野帳（フィールドノート）から発達した方法で、A6判、「京大型」などと呼ばれる大きさのカードに、情報を書き込んで整理します。この方法では、情報がある程度蓄積された時点で並べ替えたり、組み替えたりして、レポートや論文の構成を考えることもできます。情報の組み替えが柔軟にできるのが、カード型のメリットですが、一方で、カードは散逸する可能性もあります。ノート法では、用紙が大きい分だけ情報を多く記載することができます。また切り抜きなどを貼り付けることもできます。情報の並べ替えは難しくなりますが、製本されたノートを利用するため、情報が散逸する可能性は低くなります。両方の利点をとって、A5判ルーズリーフノートを使う方法もあります。

　実際には、基本的にはカード法をとりながら、切り抜きはノートに、あるいは基本的にはノート法をとりながら、アイディアを練る時にはカードにとって、というように、各自で自分なりの独自のスタイルを試行錯誤しながら決定していくのがよいでしょう。しかし、大切なのは、あれこれ気移りせずに、自分の好みのスタイルを早い時期に見つけ出すことです。情報の保存作業は規格化することで格段に能率が上がります。

　また、保存した情報は再利用できてこそ値打ちがあります。そのためには、カードでの情報整理は、1枚に1件、タイトルをつけて記入し、

情報源も正確に記録しておきます。1枚に複数の情報があると整理に困りますし、情報源が明記されていない場合、そのアイディアが自分のものか他人のものかが分からなくなります。

インターネットから得た資料も生かすことが要求される現在では、URLの正確な記録も必要ですので、カードやノートなどの物理的な形を持つ媒体を用いるよりも、コンピュータ上で処理できるデータベース・ソフトウェアにこれを記録することも考えられます。その場合においても、心得ておかねばならないのは、規格化、再利用を意識すること、情報源の明示です。インターネットから得た資料の場合には、その資料にアクセスした日付を記録しておくことも必要となります[4]。

4
「紙」（http://www.ki.rim.or.jp/~kami/）は、ページ全体をそのままの体裁で保存でき、かつ元のページに遡及できるようにURL情報を確実に保存することのできるソフトウェアです。フリーウェアバージョンとシェアウェアバージョンがあります。

おわりに

以上、大学でのレポートの作成を前提に情報の収集法について解説しました。レポート作成の過程における情報収集のプロセスは、課題解決のプロセスと同時並行的に進みます。2つのプロセスは相互に干渉し合いながら、関わりあって進行します。したがって、情報収集は、1回限りで完了するものと考えず、臨機応変に取り組むことが大切です。「情報化」が進むにつれて、情報収集作業がコンピュータなどの情報機器により大きく依存していくことは間違いありません。しかしながら、情報収集の本質は、収集方法が変化しても変わりません。刻々と変化する状況を見据えながら、柔軟な情報収集に取り組んでください。

まとめ

- 情報を収集する際には目的をはっきりさせる必要があります。
- レポートの作成など課題を通じて情報収集の方法を学びましょう。
- 状況の変化に応じた柔軟な情報収集を心がけましょう。
- 図書館は情報の宝庫、情報収集の入り口はデジタルです。
- インターネットを使う場合は検索システムの特徴を研究しましょう。
- 収集した情報は、規格化、再利用、情報源の明記をこころがけて整理しましょう。

◆**課題**

1. グループで課題を立て、それぞれ制限時間を設けて、同じ話題についてインターネットと図書館での情報収集を実行し、得られた結果を比較してみましょう。
2. 1の実例をもとに、どのような事柄がそれぞれインターネットあるいは図書館での従来型の情報収集に向いているのか考えてみましょう。

参考文献

Oshima, A. & Hogue, A.（1991）*Writing Academic English*, Third Edition. New York : Pierson Education.
池田祥子（1995）『文系学生のための文献調査ガイド』青弓社
小笠原善康（2002）『大学生のためのレポート・論文術』講談社現代新書
小笠原善康（2003）『大学生のためのレポート・論文術：インターネット完全活用編』講談社現代新書
木下是雄（1981）『理科系の作文技術』中公新書
斎藤孝、佐野眞、甲斐静子（1989）『文献を探すための本』日本エディタースクール出版部
長田秀一、菊地久一、板垣文彦（1999）『情報リテラシー教育：コンピュータリテラシーを超えて』サンウェイ出版
二木麻里、中山元（2001）『書くためのデジタル技法』ちくま新書
三輪眞木子（2003）『情報検索のスキル：未知の問題をどう解くか』中公新書

第7章

インターネット
西納春雄

この章で学習すること

大学生活をサポートするインターネット
インターネット利用の前に心得るべきこと
情報交換
情報検索（学術資料）

レファレンスツールとしてのインターネット
情報の質と信頼性を検証する
情報の質を見極める
レファレンスツールとしてのインターネット（まとめ）

コミュニケーションツールとしての電子メール
基本的なマナー、ネチケット（Netiquette）その1
電子メールの常識・非常識、ネチケット（Netiquette）その2
従来メディアと併用して活用する

はじめに

「情報化時代」に生きる現代人にとって、インターネットは必要不可欠な道具になりました。現在の大学生活は、学習や研究、学生サービス、課外活動などの多くを、インターネットに依存していると言っても過言ではありません。この章では、大学の重要な情報基盤となった、インターネットの使い方の基本を解説します。

インターネットの原型は、1960年代の米国で、核戦争のような大規模な攻撃にも耐えるような分散型の情報網を構築しようとしたことに始まります。その後、研究者間の情報交換の道具として盛んに利用され、1990年代の初頭にWebによるGUI（Graphical User Interface）が開発され、それと前後して商用利用が開始されたことと、その後のパーソナルコンピュータの性能向上により、今をさかのぼる約10年前から爆発的に利用が広まりました。インターネットの技術は他の情報機器にも応用されてきています。コンピュータをそれほど利用しない方でも、携帯電話は肌身離さず持っているのではないでしょうか。携帯電話の通話、メール、ホームページのブラウジング（閲覧）機能の背後には、インターネットの発達過程で開発された基礎的通信技術があるのです。一般には「インターネット＝Webブラウジング」と理解されがちですが、広義のインターネットとは、現在のさまざまなネットワーク関連サービスを可能にする情報基盤と通信技術、そしてその上で展開されるサービスであると理解してください。

インターネットの最も人気のあるサービス、Webブラウジング（ホームページの閲覧）と電子メールは、皆さんの生活の中に必要不可欠なものとして浸透しています。受験生の頃に、進学する大学の情報をホームページから得たり、センター試験の解答例を引き出して合格の可能性を検索し、一喜一憂したりしたことを覚えているでしょう。また、家庭では、電子メールで友達と連絡をとったり、ホームページで趣味の音楽や映画の情報を得たり、また、家族と一緒にネットショッピングやオークションを楽しんでいる方もいるかもしれません。そうしてインターネットの便利さを楽しみながら、一方で、利用に伴う様々な危険性、たとえば、ウイルスの感染、個人情報の漏洩、詐欺、著作権の侵害などについても聞いていることでしょう。インターネットは本来、利用者の良識と信頼に立脚したオープンなネットワークとして構築されてきただけに、利用に伴う危険性もまた存在します。

しかしながらそのような危険性を恐れているばかりではインターネットの利便性を十分に享受することはできません。幸いに大学では、イン

● Web: WWW, World Wide Web
Webは、インターネット上で提供される情報共有システムです。Webは、1989年に、スイスのCREN（欧州粒子物理学研究所）の研究員ティム・バーナーズ・リー(Tim Berners-Lee)らによって、研究者が保有するデータベースや資料・文献などを閲覧するために開発されました。

● Webブラウザ：Web browser
Webブラウザとは、Webを介して提供される情報を閲覧するためのソフトウェアです。英語のブラウズ(browse)は、「立ち読みする、ざっと目を通す」の意味。Webブラウザは、開発当初は、文字情報を扱うだけの、比較的素朴なものでしたが、1992年、NCSA（米国立スーパーコンピュータ応用研究所）のマーク・アンドリーセン(Mark Andreessen)らが、文字ばかりでなく画像も表示できる画期的なブラウザMosaicを開発しました。このMosaicから、Internet-Explorer、Netscape Communicator、Firefoxなどの多様なブラウザが開発されました。

● GUIとCUI
GUIとは Graphical User Interfaceのことです。ディスプレイ上にアイコンなどを表示して、マウスなどを用いてファイルを操作できるようにしたユーザーインターフェースです。GUIは現在のコンピュータでは、当然のことですが、ほんの10年ほど前までは文字（コマンド）をキーボードから打ち込むことで様々な処理を行うCUI (Character-based User Interface)が一般的でした。GUIですっかりブラックボックス化したコンピュータの動作の背後には、人と機械との間を取り持つコマンドとCUIの世界があることを覚えておいてください。

ターネットの利用規定を設け、手引き書を配布して、どのようにインターネットを使えばよいかの手ほどきをしています。大学時代は、インターネットの仕組みと利用法を学ぶには格好の時期なのです。

大学生活をサポートするインターネット

　大学からの主要な情報はインターネットを介して発信されることが多くなりました。教育研究関連情報としては、大学案内、学部学科案内、教員紹介、コースシラバス、オフィス・アワー、留学情報、国際交流などのイベント情報などが、また、学生生活支援関連では、講演会・コンサートなど課外行事の催し情報、ボランティア、インターンシップ情報、就職情報などが、日々内容を更新しながら掲示されています。

　このように大学では、インターネットは学生の皆さんの学習と、先生方の研究をサポートする重要なインフラです。先生方は、講義や授業を補助するために、また、学生との連絡の道具として、そして何よりも研究情報の交換と発信のためにインターネットを利用しています。学生は、講義や授業の資料入手、グループワークやゼミ活動の連絡、レポート作成のための文献検索・資料収集、先生方のオフィス・アワーや連絡先の確認などのために日々利用しており、日常生活になくてはならないものとなっています。

■ インターネット利用の前に心得るべきこと

　一見万能に思えるインターネットですが、インターネットに頼りすぎて、学習や学生生活の本質を見誤ってはいけません。学生生活にとって最も大切なものは、人と人との出会いと交流です。直接友人と議論し、先生と語らうことで、親密な友人関係、知的な交流関係が生まれます。それをなおざりにしておいては、コミュニケーションの手段としてのインターネットは生きません。バーチャルな通信の中では、感情の機微が表現されにくく、ちょっとした言葉遣いが相手を傷つけたり、誤解を生んだりします。現実の世界で人間関係を十分に鍛えることなしには、インターネットのコミュニケーションを円滑にはかることはできません。

　知識を得ることは大切ですが、その知識を生かす方法も同僚・先輩や、先生方との交流において獲得され、磨かれます。インターネットは確かに知識を得るためには便利な道具です。ネットワーク上にある情報は、分野によっては、図書や雑誌などの印刷媒体のものよりも新しく正確な場合があります。しかしながら、ある分野に関心を持ち、体系的な知識を得ようとすれば、とたんに情報不足であることに気付くでしょ

う。特に研究対象となる学問分野については、解説書、研究書、一次資料、分析すべき作品や統計資料は、まだ多くが印刷物として存在しています。専門領域によっては、インターネットの世界から得られる知識はまだまだ多くはありません。

このように、インターネットによって作り出される世界、インターネットから入手できる資料には、限界があることをよくわきまえてください。インターネットは大きな可能性を持っていますが、何がインターネットで得られて、何が得られないのか、インターネットを利用すべき事柄と、利用すべきでない事柄を「見極める力」を養うように意識しながら、インターネットを使っていただきたいと思います。

情報交換

インターネットの最も大きな機能の1つは情報交換です。黎明期のインターネットでは、多くの研究者がお互いの研究をネットワークを通じて紹介し、研究の質の向上に利用することが盛んに行われました。これは、軍事目的にネットワークを整備した国側の予測を超えた利用法でした。しかしながら、その頃から現在の携帯メールに至るまで、ネットワークを利用した連絡、意見交換、情報交換は、インターネットの最も人気ある利用方法です。

現在多くの大学では、何らかのシステムを導入して、講義や授業の効率化をはかり、受講生と担当者、あるいは受講生同士の意見交換ができるようなシステム（CMS：Course Management System［学習管理システム］、BBS：Bulletin Board System［掲示板］、メーリングリストなど）を整備しています。これらのシステムを通じて、先生からの連絡を受けたり、ゼミなどでの意見交換を行ったりすることができます。また、情報交換はもちろん、ネットワークを通じて、共同作業をスムーズに行うこともできます。

情報検索 (学術資料)

情報検索については、第6章「情報収集」で扱っているので、ここでは詳しくは述べません。現在では、インターネット上からWebブラウザを介して広い範囲の学術資料を入手することができます。特に図書館の文献目録は、過去のものもほぼすべて電子化されました。従って、文献にアクセスしようと思った場合には、まず、目録を検索することが必要になります。ただし、目録情報を得ても、実際にその資料を入手して読んでみるまでは、その資料が自分にとって本当に価値のあるものであるかどうか分からないことを、覚えておいてください。データベースを利用する場合には、それが目録データベースであれば、現物を取り寄せ

● CMS：Course Management System
LMS (Learning Management System: 学習管理システム) とも呼ばれます。インターネットが生み出した技術を使って、学習と学習を支えるプロセスを支援する仕組みです。具体的には、お知らせ、スケジュール、配布物、掲示板、チャット、ドリルなどを使って、大学などの教育機関での教育活動を支援する仕組みです。学生がどのように教材にアクセスして、学習を行ったかなどを記録し、ドリルの採点も自動で行えるので、そのような学習履歴を使って、きめ細かな学習支援が行えます。有名なCMSとしては、WebCT, Blackboardなどがありますが、個々の大学で独自に開発されたものが使われている場合もあります。近年は、Moodleと呼ばれるオープンソース（プログラムのソースコードを無料で公開して開発を促進させるソフトウェア開発法）のCMSプログラムが開発され、広く使われるようになっています。みなさんのキャンパスではどのようなCMSが導入されているでしょうか。

● BBS：Bulltein Board System
掲示板と呼ばれているウェブ上の仕組みで、誰かの発言に対して、ウェブ上でコメントを付けていきます。質問して、それに答えていくという形式を作りやすいので、大学などで学生のサポートや学生同士で教えあうような仕組みとして使われています。一方で、議論がかみ合わなかったり、ネット上のケンカが起きたり、また、掲示板に勝手に書き込んでいくソフトなどの攻撃を受けることがありますので、教育目的で使われる場合は、アクセスに制限をかけることが多いです。マナーを守った、節度のある利用が望まれます。

て吟味しなければなりません。記事や論文そのものを取得できるデータベースを使う場合には、抄録などから情報の有用性を判定できる見識眼が必要となります。

インターネットは、学術資料の所在を知るためのこれ以上ないすばらしいツールとして利用できますが、文献資料はそれを実際に読み、自ら内容を吟味して初めて価値を持つものであることを理解しましょう。

レファレンスツールとしてのインターネット

インターネットが皆さんの日常生活において最も威力を発揮するのは、ちょっとした調べものをするときではないでしょうか。この「ちょっと調べ」というのは、図書館の利用に例えるならば、専門書のページをめくって調べるのではなく、辞書や百科事典、あるいは専門分野の辞書で、概括的な知識を得るような時のことです。何か知りたい時に、周辺の友人や家族に聞いてもはっきりとは分からない、手持ちの辞書や事典では十分に調べがつかない、先生に聞くのも大げさだ――そんな、「今すぐに知りたい気持ち」がうずうずしているときに、インターネットはレファレンスツールとしての底力を見せてくれます。

たとえば、英文を読んでいる時、「訳せますが、分かりません」ということがありますね。構文やイディオムも理解でき、「字面(じづら)」を日本語に置き換えることはできるのですが、そこに書かれていることの「内容」が理解できないことがあります。たとえば熱帯雨林についての記事を下調べしている時に、"...the rain forest ecosystem depends on a long stringy fungus, *mycorrhiza* (MEE-ko-REEZ-uh)." という箇所がありました。[1] 熱帯雨林の植生を解説する最も大切な部分の1つです。ecosystem は、学習用英和辞典では、名詞で「生態系、エコシステム」とあります。stringy は、おそらく string の形容詞形で、*mycorrhiza* は辞書にありませんが、その直前の a long stringy fungus の同格名詞で、その後ろの読みから、「ミコリザ」としましょう。訳せば「熱帯雨林の生態系は、ミコリザという糸のように長い菌類に依存しています」ということになるでしょうか。しかし、これだけで、「内容」が分かった、と言えますか。

日本語に置き換えて満足するか、それとも内容を深く理解しようとするか、知的好奇心にあふれた皆さんならば、後者を選ぶでしょう。そのときに、インターネットがその真価を発揮するのです。

最初の ecosystem ですが、これは Google の検索で、「"ecosystem means"」をキーフレーズに検索すると、[2]

[1] Zurkowski, Jean, et al. *Between the Lines5*, Thomson Heinle/Shohakusha, p. 4.

[2] 第6章「インターネットの情報検索」以下を参照。

" 'Ecosystem' means a dynamic complex of plant, animal and micro-organism communities and their non-living environment interacting as a functional unit."[3]

3
Convention on Biolo-gical Diversity, "Artic 2. Use of Terms." Retrieved January 4, 2005 from http://www.biodiv.org/convention/articles.asp?lg=0&a=cbd-02

という定義が得られます。これは、Convention on Biological Diversity という条約の第二項であることが分かります。

そこで、「"Convention on Biological Diversity"」をキーフレーズにGoogleで日本語のページを検索し、ヒットした「EICネット：環境用語集」ページから、「生態系」の定義を得ました。それは次のように記載しています。

「食物連鎖などの生物間の相互関係と、生物とそれを取り巻く無機的環境の間の相互関係を総合的にとらえた生物社会のまとまりを示す概念。まとまりのとらえ方によって、1つの水槽の中や、1つのため池の中の生物社会を一つの生態系と呼ぶこともできるし、地球全体を一つの生態系と考えることもできる。こうした考えは19世紀末ごろからあったが、1935年にイギリスの植物学者タンスレイ（A. G. Tansley 1871〜1955）が生態系という概念を提唱し、広まった。生態系は周辺環境の状況などにより変化するが、その系の中で互いに働きかけて安定化する性質がある。しかし、強いインパクトで破綻を来たすこともある。人間活動による急激な環境改変や

EICネットは、環境や自然保護情報のレファレンスとしてすぐれたサイトです。

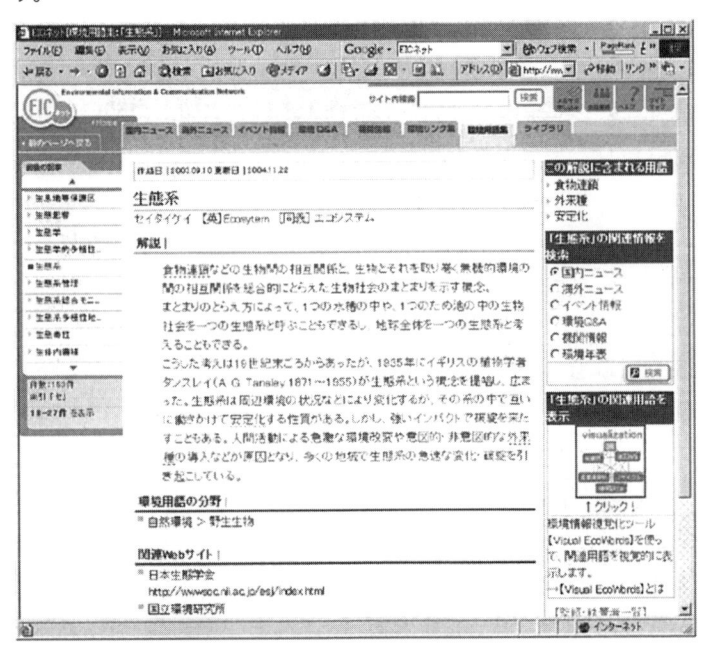

意図的・非意図的な外来種の導入などが原因となり、多くの地域で生態系の急速な変化・破綻を引き起こしている。」[4]

最初の、単なる言葉の置き換えと比較して、何と深い理解に到達することができたことでしょう。また、この検索の過程で、Convention on Biological Diversityが「生物多様性条約」あるいは「生態学的多様性保護条約」であり、「1992年にリオ・デ・ジャネイロ（ブラジル）で開催された国連環境開発会議（地球サミット）で採択された条約のひとつ」[5]であるという事実をはじめ、地球環境に関する豊富な知識を、用語集やリンクから得ることができました。また、「EICネット」のトップページを訪れると、これは、「国立環境研究所の環境情報案内・交流サイト」であることも分かり、この独立行政法人を通じて、日本政府が環境問題について啓蒙しようとする意気込みも読み取れます。[6]この例で理解できるように、インターネットは現在、巨大なレファレンスツールとして利用することができるのです。[7]

しかし、この際に気をつけなければならないのは、インターネットを通じた情報収集が本当に効率的であるかどうかということです。コンピュータを使い始めたばかりで、タイピングもままならない方ならば、この情報に行き着くのに1時間以上もかかるかもしれません。それは果たしてインターネットの正しい使い方と言えるでしょうか。実は、「生態系」は手元の携帯型電子辞書の『広辞苑』に以下のように記載されています。

> せいたい―けい【生態系】(ecosystem) ある地域の生物の群集とその背景となる無機的環境をひとまとめにし、物質循環・エネルギー流などに注目して機能系としてとらえたもの。地域により、海洋生態系・都市生態系・地球生態系などに分ける。エコシステム。[8]

また、同じ電子辞書にある『現代用語の基礎知識2004年版』にも同程度に詳細な記載がありました。

これらの辞書はいずれも定評のあるもので、各項目はその方面に精通している方々が執筆したものです。これらの資料がすぐ手元の本棚や図書館にある時には、それらを参照する方がはるかに効率的です。

インターネットは広範な知識の宝庫ですが、従来型の情報収集との使い分けが必要です。求める情報がどのような方法で最も効率よく入手できるかの見極めをつけることが、インターネット利用の上でとても大切なことになります。そのためには、日常的に様々なメディアに知識を求める努力を並行して行うことが大切です。

---

[4] EICネット：環境用語集「生態系」。Retrieved January 4, 2005 from http://www.eic.or.jp/ecoterm/

[5] EICネット：環境用語集「生物多様性条約」。Retrieved January 4, 2005 from http://www.eic.or.jp/ecoterm/

[6] EICネット：トップページ。http://www.eic.or.jp/index.html

[7] *mycorrhiza*についてはここでは言及しませんでしたが、各自インターネット等を利用して調べてください。

[8] 新村出編『広辞苑第五版（CD-ROM版）』岩波書店、1998年。

●携帯型電子辞書

携帯型電子辞書はとても便利な道具です。ぜひ一台購入して頻繁に辞書を引くことをすすめます。書籍の辞書にも良い点はたくさんありますが、携帯型の電子辞書は、何と言っても小型軽量の可搬性（ポータビリティ）と、複数辞書を瞬時に切り替えて使える融通性が魅力です。これから購入を考えている方は、せっかくですから良いものを買いましょう。最新の携帯型電子辞書は、単語や英文を発音してくれるばかりでなく、フランス語や中国語など新たな辞書をメモリカードとして追加でき、しかもパソコンに接続してパソコンから検索できるようになっています。TOEICの練習問題などが入った電子辞書も発売されています。すでに購入した方は、使い方を工夫して辞書の能力をフルに活用しましょう。英和・和英辞書では「用例」を参照していますか。また、すべての用例から表現検索できる「例文検索」機能は使っていますか。また、語彙を覚えるための「単語帳」機能などはどうでしょうか。辞書の持っている機能をフルに使って辞書を勉強に大いに役立ててください。

情報の質と信頼性を検証する

ところで、皆さんは情報の信頼性について考えたことがありますか。先の"ecosystem"「生態系」をキーワードにして検索すると、学会のホームページ、報道機関のニュースページ、大学の研究室のページ、子供向けの学習ページなど、様々なページがヒットします。「生態系」の場合は言葉の定義を求めているのですが、話題がもう少し政治的な場合には、そのページの所有者の意見や見解が強く出てくるでしょう。インターネットで得ることのできる情報を利用する時には、その正真性や信頼性を見極めなければなりません。

このためには、情報を批判的に検証する基準をしっかりと持つことが重要です。情報は、いつ作成され、どこから、誰が、どのような目的で、どのように提供されているのか。これらの観点から情報を総合的に考察して、その情報の信頼性を査定しなければなりません。

情報の質を見極める

情報の「信頼性」は何を根拠に判断したらよいのでしょうか。インターネットの情報資源へのアクセス方法とアドレスを記載したURL（Uniform Resource Locator）を分析すれば、その情報がどこから発信されているかが分かります。また、そのページの記載内容からは、その情報がいつ頃、誰によって制作されたかも分かるでしょう。

筆者が管理しているページ"http://muse.doshisha.ac.jp/JAECS/index.html"を例にとりましょう。最初のhttpはアクセスの方法（Webページ閲覧）を示します。次のmuseはサーバ名です。doshisha.ac.jpはドメイン名を示し、日本にある教育機関であり、機関名はdoshishaで登録されています。index.htmlは情報が記載されているファイル名、JAECSはそれが置かれているディレクトリ（フォルダ）です。このことから、日本の同志社大学に設置されているmuseというサーバの中のWebページ、ファイルはJAECSディレクトリの中に保管されていることが分かります。

実際にアクセスして、このWebページを開いて内容を読めば、上記のページが「英語コーパス学会」という学会のホームページであることが分かります。この学会がどのような学術団体であるかは、リンクされた情報を読むことによって理解できるでしょう。ページは比較的頻繁に改訂されており、必要ならば、事務局やサイト管理人へ連絡を取ることもできます。このようにURLを解析し、ページにアクセスすれば、かなりの情報を得ることができます。

情報がその方面の権威ある機関や研究者によって提供されている場合

●ドメイン
インターネット上に存在するコンピュータやネットワークを識別するために付けられるインターネット上の住所です。数字だけで表記されるIPアドレスは人間には理解しにくいため、アルファベットを使うことができるドメイン名を別名として与え、運用しています。日本のJPドメインは、属性型JPドメイン名、地域型JPドメイン名、名前を登録する汎用JPドメイン名の3つがあります。属性型JPドメイン名には、営利法人用の「co.jp」、非営利法人用の「or.jp」、任意団体用の「gr.jp」、ネットワークサービスの「ne.jp」、政府組織用の「go.jp」、高等教育機関・学校法人用の「ac.jp」、18歳未満対象の教育機関用の「ed.jp」、JPNIC会員が運用するネットワークが使用する「ad.jp」さらに地方自治体用の「lg.jp」の合計9つがあります。

には、その情報の質が高いと考えられます。しかし、権威はあっても、情報の扱いに偏りがある場合もあります。情報の質は慎重に判断しなければなりません。サイトを以下の点から批判的・分析的に見ることは、情報の質を査定するために役立ちます。

1. 情報はいつ作成されたか：情報の鮮度を確認しましょう。ページ内の改訂の日付、更新情報、リンク先の日付などが参考になります。
2. ページの所有者は誰か：情報を発信しているのは個人でしょうか、団体でしょうか。ページの所有者を自ら紹介する"About us"などのリンクはありますか。
3. どこから発信されているか：URLから発信元がおおよそ分かりますか。IPアドレス（数字だけのアドレス）だけを使っているものは要注意の場合があります。
4. 情報提供の目的は何か：目的は売り込みや説得か、紹介や説明か、サービスの提供か、その背後に何らかの意図があるかどうか等を判断しなければなりません。
5. 文書に誤りはないか：誤字脱字、リンク切れはないか、英語のページを設けてある場合は、英語の質も査定しましょう。論文ならば、注や書誌の充実も重要です。
6. デザインはよいか：ページデザインの洗練度は発信人のどのような側面を反映したものでしょうか。アカデミックな情報ページは、シンプルなものが多いです。
7. 引用の度合いはどうか：他のすぐれたサイトがこのサイトをリンクしていますか。このサイトが提供するリンクは有名な信頼のおけるサイトにつながっているでしょうか。
8. 情報は継続的に提供されているか：これを判断するには、ページの訪問カウンタの累計数、また、サイトの開設年月日、ページ改訂の履歴などが参考になります。
9. 情報は十分に広く深いか：すぐれたサイトは、独自の情報量が豊富であるばかりでなく、サイトの外の広く深い情報源へ導くような工夫をしています。
10. サイトは使いやすいか：配慮の行き届いたサイトはサイトマップやナビゲーションバー（ページ上部の案内）などを設けて、サイト内の移動を容易にしています。

レファレンスツールとしてのインターネット（まとめ）

上に述べたような「見極める力」をつけて利用するならば、インターネットは膨大な情報を保持するレファレンスツールとして、利用価値が

極めて高いと言えます。このツールを使いこなすことは、大学生としての学習と研究にぜひとも必要なことです。その際に重要なことをまとめておきましょう。

1. 目的をはっきりさせる：どのような情報が何のために必要なのかをはっきりさせ、検索の目的を見失わないようにしましょう。
2. 検索方法に精通する：ディレクトリ・サービスや、サーチ・エンジン、データベースの検索など、検索方法を研究しましょう。（第6章「情報収集」参照）
3. 情報の質を検証する：得た情報が利用に耐える質のものであるかどうか、自分の必要と合致しているかどうかを、批判的な見地から確認しなければなりません。
4. 情報源へのアクセスを記録する：インターネットの情報源は日々刻々と変化します。情報源のURL、アクセス年月日は忘れずに記録しましょう。[9]

コミュニケーションツールとしての電子メール

電子メールは、日常的なコミュニケーションツールとして、ほとんどの皆さんが使わない日はないほど頻繁に利用している機能でしょう。利用している電子メールはこれまで携帯電話を介したものが多かったと思いますが、大学ではパソコンを利用したメールを利用することが多くなります。大学における電子メールは、友人や家族との単なる連絡手段を超え、意見交換、情報交換、共同作業、問い合わせ、資料の入手、申請書の提出などにも頻繁に用いられます。

■ 基本的なマナー、ネチケット（Netiquette）その1

チャット感覚の携帯電話のメールと異なり、コンピュータ上で書く電子メールではそれなりのルールとマナーを守らねばなりません。相手に確実に用件が伝わることが最低条件です。以下の事項を確認しましょう。

1. メールアドレスは正確に入力していますか？（アドレス帳を利用すれば入力は不要になります。）
2. 必ずタイトルを付け、本文は相手の名前を明記した挨拶で始めていますか（序）？
3. 用件文は簡潔明瞭に、句読点は省略せずに正しく付けていますか（本論）？
4. 結語の挨拶はありますか？　メールは発信人の氏名を含めた署名

---

[9] これを手入力で行うのは限界があります。ページを印刷するか、ブラウザのページ保存機能を用いるか、または、WebページをそのイメージとURL、アクセス日時の情報とともに保存できる、「紙」（http://www.ki.rim.or.jp/~kami/）などのソフトウェアを利用するのがよいでしょう。

● データベースとして利用できる電子メール

パソコンにインストールして使う電子メールソフトウェア（Outlook Express, AL-Mail, Beckyなど）は、一種のデータベースとして利用できます。届いたメールを年月日、タイトル、発信人でソートしたり、本文の内容を検索したりできますし、添付ファイルにワープロ文書や画像、プログラムなども保存しておくことができます。大学などで資料を作成した際に、フロッピーディスクやUSBメモリなどの記憶媒体を持ち合わせなかった時には、資料を添付したメールを作成して、自分宛に送信しておくと便利です。これは、メールをインターネット上のストレージ（保管庫）として利用する方法のひとつです。ただしこの場合、個人のメールフォルダの容量制限や、送信できるファイルのサイズ制限などであまり大きなファイルは送れません。電子メールに限らず、創造的な使い方でインターネットの機能を知的な道具として使いこなしましょう。

で終わっていますか（結論）？

5. 和文の場合、1行は全角30〜35文字にとどめ、行ごとに改行を入れましょう。
6. 長文を避け、用件が多い時は、用件ごとにメールを送るようにしましょう。
7. 半角カナは使えません、携帯電話のアイコンなどの特殊文字も使えません。
8. 慣れないうち、新機能を使う時には、自分宛のメールで練習しましょう。
9. 大きなファイルは添付で送らない。無理に送ると、メールシステムに削除されることもあります。
10. 見知らぬ相手からのメールはくれぐれも慎重に扱う。

電子メールの常識・非常識、ネチケット（Netiquette）その2

　電子メールは気軽に送受信できる通信手段ですが、いったん発信すると取り消すことはできません。手軽で、取り消すことができないゆえに陥りやすい失敗もあります。電子メールの利用は、基本的には一般社会での良識ある大人としての振る舞いを基準にすればよいのですが、電子メールの場合には相手が見えないぶん、よけいに相手に対して十分な気配りが必要です。

　電子メールはその受発信が手軽であるために、感情の高ぶりを直接表現してしまったり、言葉の微妙な使い方でいらない誤解を招いたりする

Webブラウザから利用できるメールシステムは、アクセスする場所を選びません。

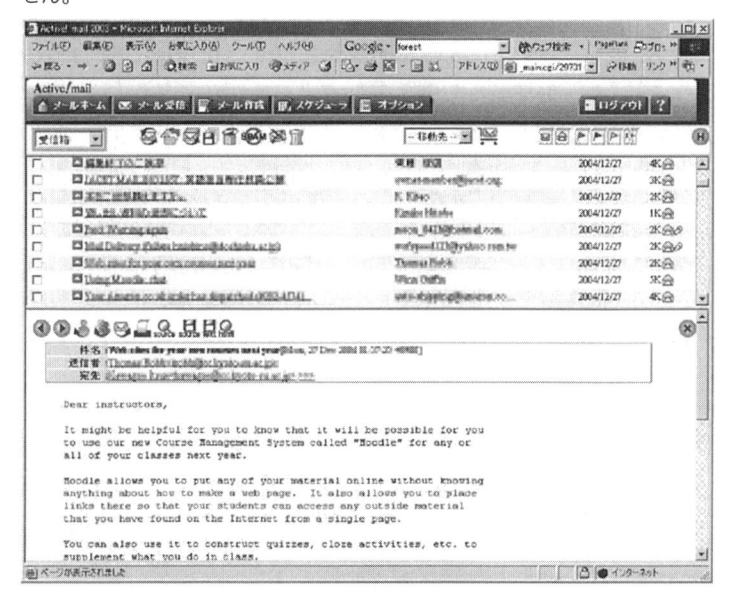

こともあります。大切なメールは一度書いて一晩置いてからもう一度推敲して送るほどの慎重さが必要です。以下の事項も確認しましょう。

1. 感情に駆られない：強い言葉で感情的なメールを出すことは慎みましょう。強い言葉は相手を傷つけ、文字は後に残ります。
2. メールは個人宛：メールは個人が発信して個人が受けるものです。他人のアカウントを借りたり、他人が受信したメールを勝手に読んだりすることはやめましょう。
3. メールは筒抜け：メールの本文に書いてパスワードを伝えたり、クレジットカードの番号を伝えたりすることも厳禁です。暗号をかけない限りメールの内容はたやすく解読されることがあります。
4. 著作権やライセンスを侵さない：メーリングリストやニュースグループ宛のメールに、新聞・雑誌記事、小説や詩、人気歌手の歌詞などを引用することも、著作権法違反になる場合があります。
5. 定期的に頻繁なチェックを：電子メールの送り手は、届くのが早いだけに、早いレスポンスを期待しています。返事に時間がかかる時には、メールを受け取ったことと返事の予定だけでも、まず返信しておくのがよいでしょう。

従来メディアと併用して活用する

　電子メールは万能ではありません。電子メールの非共時性は電話と異なり、自分や相手の時間を拘束しない点で大変便利ですが、それゆえの不便さもあります。たとえば、2人で会合の日時を打ち合わせる際には、共時的なメディアである電話の方がはるかに便利です。電話や直接会った方がお互いの声や抑揚、表情などを通じて、はるかに多くを伝え、知ることもできます。また電子メールではやりとりした内容が事実として固定してしまう場合も考えられます。微妙な内容をうまく表現できない時は、連絡手段を変えることを考えましょう。電子メールの利用においてもやはりそのメディア固有の長所・短所を「見極める力」を養うようにしましょう。

おわりに

　大学には、インターネットを十分に利用できるだけの施設が整っています。比較的時間があり、しかも、使いこなしのサポート体制も整備されている大学生のうちに、様々な知的活動にインターネットを使いこなす力を身につけられるよう願っています。

■まとめ

- インターネットは、大学生活を支えるインフラです。
- インターネットは便利ですが、頼りすぎてはいけません。
- インターネットで何ができて、何ができないのかを見極めることが大切です。
- 情報交換はインターネットのもっとも重要な機能の一つです。
- インターネットは、レファレンスツールとして大変便利に使えます。
- インターネットから得た情報を正しく評価する力を付けましょう。
- 電子メールには、守るべきマナーがあります。
- メディアの特性を理解して、従来メディアとデジタルメディアの賢い使い分けをしましょう。

◆課題

1. それぞれの大学には、インターネットの利用規定があります。自分の大学の利用規定を入手して、何が許され何が規制されているのか、調べてみましょう。
2. 他大学のインターネット利用規定を入手して、自分の大学のものと比較し、相違点と類似点を考えてみましょう。
3. 欧米の大学のインターネット利用規定を入手して、日本のものと比較してみましょう。
4. インターネットの利用を規制することはよいことなのでしょうか。なぜ規制を設けなければならないのでしょうか。
5. ネチケットについて、さらに調べてみましょう。「ネチケット」や"Netiquette"をGoogleで検索して、検索結果を考察しなさい。
6. インターネットのサーチ・エンジンを用いて任意のキーワードで検索し、得られたページに記載された情報の信頼性を査定してみましょう。
7. 電子メールによって何かトラブルに巻き込まれたり、不快なメールを受け取ったりしたことはありませんか。事例を交換して、何がそのような事態を引き起こしたのか、解決するにはどうしたらよいのか考えてみましょう。

参考文献

Gould, Cheryl (1998). *Searching Smart on the World Wide Web: Tools and Techniques for Getting Quality Results*, Berkley, California: Library Solution Press.

アリアドネ (1996)『調査のためのインターネット』ちくま新書

アリアドネ（1999）『思考のためのインターネット』ちくま新書
菅谷明子（2000）『メディアリテラシー』岩波新書
杉田米行編（2004）『インターネットの効率的学術利用』成文社
鐸木能光（1999）『インターネット時代の文章術』SCC
矢野直明（2000）『インターネット術語集』岩波新書
矢野直明（2002）『インターネット術語集II』岩波新書

第8章

テーマの選び方
北尾謙治

この章で学習すること

テーマを考える時に重要なこと
興味があること、研究や将来に有意義なこと、役立つこと
経験や知識のあること
詳しい情報を得られるもの
これまでに研究されていないもの
読者は誰か
実施上の問題点

トピックを決める作業の手順
ブレインストーミング
尋ねてみる
参考資料に目を通すこと
アウトラインを書く
プロポーザルの書き方

プロポーザルの内容

はじめに

大学のクラスでレポートが課せられる場合には、種々の場合があります。1）練習問題的なもの、2）テーマが与えられ、何らかの方法でまとめて書くようなもの、3）自分の意見をまとめて書くもの、4）リサーチをして、その結果をまとめるものなどあります。（第11章「レポートや論文を書く」参照）

テーマがすでに決められている場合や、問題が詳しく与えられている場合には、それをよく理解して書けばよいのです。しかし、自由にテーマを選べる場合には、慎重に選ぶ必要があります。ある範囲が指定されておれば、その範囲から選ぶ。何も指定がない場合でも、そのクラスの目的や範囲に合うものでなければなりません。

この章ではどのようにしてよいテーマを選ぶかを説明します。

テーマを考える時に重要なこと

興味があること、研究や将来に有意義なこと、役立つこと

リサーチやレポートの課題が出た場合に、まず考えることは、それが、クラスの成績の何パーセントかです。50％であれば、そのクラスに費やす時間が50時間であれば25時間、しかし、物を書くのは多少時間がかかりますので、30時間程度で仕上げることを考えます。

これだけ、多くの時間と労力をかけるのですから、1）自分が興味を持てること、2）自分の研究や将来に有意義なこと、3）何らかの利用価値のあること、つまり役立つことなどと関連があるテーマが好ましいです。卒業論文のテーマなどが決まっておれば、その一部になることや関連のあることを選ぶのは効率のよいことで、今は仕事をしなければなりませんが、将来の仕事を減らすことができます。

興味のあることは時間を忘れて作業できます。有意義なことであれば、費やした労力は無駄になりません。ただクラスを終えるためにのみ選んだテーマはやる気は起こりにくいし、さほど有意義でもなく、ただ苦痛を味わいながら作業をすることになります。これでは、よい成果も期待できないでしょう。

経験や知識のあること

自分の経験のあることや知っていることからテーマを選ぶべきです。

全く知らないことを選べば、まず、その関連の図書を読んで、背景知識を得て、それに基づいて、リサーチやレポートのテーマを決めることになります。背景知識を得るのに、少なくとも2、3冊の本を流し読みしなければなりません。それでは、テーマを決める前に多大な労力を費やすことになります。つまり、自分の持っている知識、情報、経験を最大限に生かすことを考えるべきです。そして、暇な時に、自分の関心のあることなどの知識を増やしておくことも非常に重要なのです。(第5章「大学生のための読解」参照)

詳しい情報を得られるもの

さらに、トピックを決めても、それをもっと詳しく知るための情報が入手できるかどうかも重要です。図書館にその関係の図書があるか、インターネットで情報が得られるか、入手できる情報でレポートを仕上げることができるかどうかが非常に重要です。多くの学生はトピックを決めて、それから情報を探し、見つからないので、トピックを変えます。これをしていると時間ばかり無駄にして、作業が遅れます。

これまでに研究されていないもの

リサーチの場合は、すでにどのようなリサーチがされているかを知ることが先決です。同じリサーチをしただけでは十分ではありません。今までにされていることが何で、自分はさらに何を新たに追加できるかが重要なのです。

同じテーマであっても角度を変えて考察する、異なる方法でリサーチする、さらに新たな要素を追加するなどすれば、よいリサーチをすることも可能です。

読者は誰か

レポートを読む人が誰かも重要です。教授のみが読むのか、クラスメートも読むのか、その他の人に読ませるのか。読者にとってトピックは興味深いか、有意義か、理解しやすいかなどを考慮する必要があります。

リサーチペーパーやレポートは、最初に設定する仮説や疑問点などに十分に答えているかが重要です。それを読んだ読者がいだきそうな疑問にすべて答えて完結したものでなければなりません。

トピックが大きくて、筆者が十分に仮説や疑問点に答えていないものが多くあります。それを論じるのに十分な議論がされず、読者が満足できない内容になっている場合は非常に多くあります。広く浅く議論していて、どれに関しても多少触れているが、どうなのか、なぜそうなのか

●リサーチペーパー
学生のレポートから、大学院の研究報告、修士論文までを指す広い意味での研究論文のこと。単なる感想文や他人の解説をまとめたものではだめで、主張とそれを裏付ける(1次)資料が必要です。仮説を立てて、それを立証するように書かれます。第11章とCD-ROM版専用資料のDoing ResearchとWriting a Research Paperを参照のこと。

など読者を説得するものがない場合が多く見受けられます。

それに比べて、よいレポートやリサーチペーパーのトピックは、小さいけれども、読者にとっても筆者にとっても興味深く、有意義で、重要なもので、それに関して挙げられた仮説や疑問点をくまなく議論し尽くしています。結果として、読者はそれに関して十分に理解し、満足します。

クラスのレポートではここまで考える必要はないかもしれませんが、将来さらに発展的なリサーチにつながるものがよいのです。完結して、将来それに関係する研究ができる余地の全くないものは避けた方がよいと思います。

実施上の問題点

クラスのレポートのみでなく、学術誌などに投稿するような場合も、字数やページ数は厳密に指定されています。この限度を超えないようにすることは非常に重要です。

与えられたレポートの分量におさまるトピックを選ぶことが重要です。小さめのトピックがよいでしょう。それをあらゆる角度から議論して、十分に読者を説得することが求められています。大きなトピックを広く浅く議論するのでは、読者は納得もしないし、満足もしません。

リサーチは時間的、金銭的、労力的に可能かどうかをよく検討します。いつ実施できるか、自分ひとりでできない場合は、協力が得られるか、金銭的にどの程度の負担があるかなどよく考えておく必要があります。

締め切りの期日も重要です。いかなる状態であっても、期日までに提出しなければなりません。それまでに、資料が整い、十分に読んで、理解し、まとめて、リサーチをして、結果を分析し、書きあげなければならないのです。本格的な作業に入る前に、それを書きあげるのに十分な図書や情報が入手できるかどうかのめどを立てておくことは非常に重要です。

提出期限から逆算してゆとりを持ったスケジュールを立てて、それより遅れないように作業をすることが大事です。多くの学生は、トピックを決めて作業を始めるまでに多くの日時を費やしますが、これは賢明ではありません。読者が読むのは最後に書かれたものだけですので、書くために十分な時間を費やして、分かりやすく、読みやすいレポートを仕上げるようにします。（第11章「レポートや論文を書く」参照）

トピックを決める作業の手順

ブレインストーミング

最初にすることはブレインストーミング（brainstorming）です。ブレインストーミングとは与えられた課題の内容に基づいて、自分にとって何が興味があるか、有意義か、そして、重要かを考えてみることです。そして、思いついたトピックをとにかく列挙して書き出します。

書き出したリストを見て、どれが読者に興味があり、有意義で重要かを考えます。さらに、課題にどれが最も適当か、仕上げやすいかなども考えます。

さらに、そのトピックに関してどれだけ自分がよく知っているか、図書館やインターネットなどにその関係の図書や資料が十分にあるかどうかも考えなければなりません。十分な参考資料がないとレポートもリサーチペーパーも書き終えることはできないからです。

尋ねてみる

友人にどのようなトピックがよいか尋ねてみるのもよい方法です。自分がよいと思うトピック2、3を挙げて、どれが、興味深いか、有意義か、重要かなどを尋ねます。友人の意見が分かれたり、明白な返答が得られないような場合は教授と話し合うのがよいでしょう。トピックを決めたあとは、途中で変更することは相当の時間と労力を費やすのみでなく、非常に作業の上でもマイナスになりますので、十分に注意してトピックを選びましょう。

参考資料に目を通すこと

トピックが一応決まれば、その関係の図書、ジャーナルなどで、今までに読んだもの、自分の持っているもの、図書館に所蔵されているものなどに目を通し、そのトピックに関してそれなりの背景知識を持ちます。とくにリサーチペーパーでは、今までにどのようなリサーチがされ、どの程度のことがすでに報告されているかを理解します。

この参考資料を読む時に大事なことは、ノートを取ることです。自分の所有する資料であれば、大事なところに下線を引いたり、ハイライトする方法でもよいでしょう。とにかくレポートやペーパーを書く時に、すぐに利用できるように準備しておきます。（詳しくは第4章「ノートの取り方」参照）

●ジャーナル
定期刊行の雑誌のことですが、大学・研究の世界でジャーナルというと学術雑誌のことを指し、紀要と呼ばれることもあります。ジャーナルに投稿し、学術誌から任命された匿名の研究者によって内容を吟味する査読を経て、掲載されることは、その分野で評価されることであり、研究者にとっては、非常に重要度の高いことです。自分の研究に関連したジャーナルの原稿は、個々の研究に非常に重要ですので、時々目を通すとよいでしょう。

アウトラインを書く

トピックを決めて、参考資料を読み、ノートを取って、レポートやペーパーを書けるようになれば、いきなり本文を書きはじめるのではなく、まず、アウトラインを書いてみるとよいでしょう。これにより、どのようなレポートができる可能性があるか。分量的にちょうどよい長さのレポートが仕上がるか。重要な論点は何で、十分に議論できるか。どのような情報が不足しているか、などのめどが立ちます。それに基づいて、不足しているところの情報を集めます。（第4章「ノートの取り方」、第11章「レポートや論文を書く」参照）

プロポーザルの書き方

卒論などの大きな論文はもちろん、クラスでも点数の比重の高いレポートやリサーチペーパーの場合には、プロポーザルをまず提出させられる場合があります。時には、単にトピックのみを書いて出す場合もあります。

このような場合に、思いついた興味のあるトピックをよく考えないで書いて提出するような人は後で大変なことになります。トピックについて書こうとしたが図書館に参考資料がないなどの理由で、後日トピックの変更を求めてくる学生が多くいます。教授がトピックを出しなさいと言った場合には、上記の作業を一応終えて、後は書けばよいのみ、リサーチペーパの場合にはリサーチそのものができる状態であることを意味します。

つまり、プロポーザルを出す場合には、すでに参考文献などに目を通して、おおよそのアウトラインがある程度まで出来上がっていることを意味しています。もちろん、ペーパー完成までに、参考文献の情報を補足するようなこともありますが、トピックを出してから仕事を始めるのではないのです。この時点で、仕事として、3〜6割が済んでおり、ペーパーが完成するめどが十分にあるのです。

よいプロポーザルを書くには、よく参考資料を読み、自分の考えを整理して、よい構成のペーパーを書くようにします。緻密な準備をした場合には、具体的で理解しやすいプロポーザルが書けますが、これを読めば、どのようなペーパーが書きあがるか、教授者には推測がつきます。他方、思いつきで書いたものは抽象的で、どのようなペーパーが書きあがるか見当もつかないようものになります。

プロポーザルは一度承認されると、それに基づいて相当の作業をすることになります。それで、リサーチペーパーの場合には、リサーチがうまくできるかどうか、作業をするに値するかどうか、どのようにするの

かなどが明白になっていなければなりません。これ以後で、プロポーザルの書き直しをしたり、トピックを変えると、時間的に追い詰められますし、よりよいものができる保証もありません。よほどのことがない限り、変更を申し出ることのないように、最初からよいプロポーザルを出しましょう。

プロポーザルの内容

　プロポーザルの提出が求められる場合にはどのように書くか指示があるはずですので、それに従って書けばよいのです。一般的には、以下のような内容になります。

　レポートやリサーチの内容を1、2文で明白に書き表します。次に、どのようにして終えるかを簡潔に説明します。ペーパーの目的、内容、情報源、どのように情報を構成するか、時には、その対象になっている読者の特徴と、その読者に適したものにするためにどのような工夫をするか、さらに、リサーチの場合であれば、予想される問題を説明して、その解決方法も述べます。

　リサーチペーパーを書くのであれば、そのトピックの背景、問題や重要性、なぜそれに取り組まなければならないかなどの説明、仮説かリサーチクエスチョン、そのリサーチで扱う重要な変数の定義、どのような資料をもとに先行研究などを議論するか、そして、リサーチのメソッド、つまり、アンケート調査、インタビュー、観察などのどのような方法を利用して、どのようにリサーチを進めるかなどを書きます。

　プロジェクトのプロポーザルであれば、その目的と、その目的を達成するために具体的にどのようにするかを説明します。たとえば、何を含めて、どのように分類し、構成するかなどの説明をします。すでに実施された実験に似たものをするような場合には、その実験の内容を説明し、自分の実験がどのように異なっているかなどの説明をします。ある資料を中心に話を進めるような場合には、その資料を参考文献に載せておき、その内容とどのように関連しているかを明確にします。

おわりに

　レポート、リサーチ、プロジェクトなどのよいテーマを選ぶのは非常に難しいことです。普段から大学で研究することをよく考え、何をしたいか、そのための情報や情報源を知っているとよいレポートを書くこと

ができます。

　クラスでレポートなどが課せられ、自分でテーマを選ぶ場合には、慎重に考え、自分にとって興味があり、有意義なことをするようにします。テーマを決めるとは、その時点で、その課題をするために十分な背景を理解して、詳しい情報があり、間違いなく課題を上手に終えられることに確信を持っていることを意味します。正式のプロポーザルを提出しない場合でも、自分がその内容を知っていることは当然のことなのです。自分のために書いておくことを勧めます。

まとめ

- 課題が明確な場合は、課題に忠実なレポートを書く。
- テーマが自由に選べる場合は、クラスの目的、内容に合うものを選ぶ。
- テーマは興味が持て、研究や将来に有意義なものを選ぶ。
- テーマは自分が知識や経験を有していて、情報が入手可能、まだ研究されていないもの、読者の興味を引くものを選ぶ。
- 時間的、労力的、金銭的などの要因を考えて実施可能なテーマを選ぶ。
- まずブレインストーミングして、知人に尋ね、関連の図書などを読み、アウトラインを書いてみて、書きあげられるかどうか判断する。
- プロポーザルを書いてみる。

CD-ROM版専用資料
Writing a Proposal, Choosing the Topic for Research, Doing Research, Writing a Research Paper参照。

◆**課題**

　アメリカの歴史のクラスを履修しています。そこで、レポートの課題が出されました。その内容は、「アメリカ史の大きな出来事を1つ取り上げ、その要点を説明して、その後のアメリカの歴史にどのような影響を与えたかを論じなさい。4000字以内、ワープロ仕上げ」です。どのような手順でテーマを決め、どのようにレポート作成作業をするか説明しなさい。

COLUMN
研究テーマの選び方

　よい研究テーマを見つけることは、大学生のみでなく、大学院生や研究者にも難しいことです。よいテーマを見つければ半分仕事が終わったようなものです。研究者で有名な人はよい一生の研究テーマを見つけた人です。

　筆者は1960年代末の大学紛争のさなかに大学に行きました。キャンパスは、半年以上ロックアウトされ、大学が始まるやレポートと試験で追いまくられました。レポートのテーマはほとんどが「自由」でした。

　筆者は英文学の専攻でしたが、一般教養の自然科学系列のクラスで天文学を履修しました。これもレポートになりました。文学青年を目指そうと思っていたので、「日本人と月」のテーマで、竹取物語などを利用して、日本人が月を文学作品でどのように取り上げたかを論じました。非常によいものが書けたと自負していたのですが、結果は55点で落第。なぜか考え込みました。このクラスは自然科学で、このような人文科学のものが受け入れられるわけがないことに気付きました。星などの自然現象を論じるようなものでなければならなかったのです。筆者は授業にも出ていなかったので、クラスで何が主に扱われたかすら知らなかったのです。

　多くの大学生はレポートのテーマについて本が1冊どころか何冊も書けるほど大きなものを選びます。それについて1冊程度の図書を読んで、自分の感想を書けばよいと思っている人が多いのに驚きます。そのテーマを選んだ理由も不明瞭で、議論は表面的で抽象的、「なぜ」との問いに答えていないものが多いのです。説明というよりは意見や感想が書かれたものが多く見受けられます。

　しかし、興味深いテーマでも、あまりに小さく、発展性のないものもまた、問題です。20代の若い研究者が、履歴書の正しい英語はcurriculum vitaeなのに、なぜレジュメと日本では言われるのかとのテーマで研究発表をしていたことがあります。明治時代にさかのぼり、ありとあらゆる辞書を調べて、その歴史的な流れを実に明解に説明されたのです。聴衆は驚くと同時に、その研究者の熱意と努力には敬意を示したものの、多くの人の考えは同じでした。「あの人は、今後この研究をどう発展させるのだろうか。」これは完結していて、もう発展の余地はありません。

第9章

情報の整理

朝尾幸次郎

この章で学習すること

一次資料と二次資料

数量的な情報の整理──日本に住む外国人居住者を例に
データをグラフにして視覚化する
データを加工する
データを並べ替える

質的な情報の整理──『あしながおじさん』を例に
着想を生かす
着想を形あるものに
情報を見やすく提示する
情報を読み解く

はじめに

　これまで大学で教えてきて授業の中でたくさんの発表を聞き、課題として課したペーパーを数多く読んできました。そこで筆者がとても不満に思うことが1つあります。それは本に書いてある解説を手際よくまとめ、発表する人が多いことです。日本の方言について発表した学生がいました。OHCで日本の方言地図をスクリーンに示しながら、表現が関東と関西にどのように分布しているかを見せました。スクリーンに映し出された地図も鮮やかで、解説も分かりやすいものでした。しかし、その地図と解説はすべて方言の解説書から抜き出したものでした。

　私たちが行う発表には「新たな知見」がなければなりません。これまで人々が積み重ねてきた成果のうえに、さらに新しい知見、発見を積み重ねていくことが学問です。他の人の成果を発表するのではそこに新しい知見はありません。さらに言えば、それは剽窃であるとも言えます。

　上のような話をすると「でも私たちは学生ですから」と答える人もいます。しかし、大学という学問にふれる場所にいるのなら、学生であれ、研究者であれ、「新たな知見」を探求し、提示することができなければなりません。それは大発見である必要はありません。小さくても、きらりと光る、新たな知見が必要なのです。英語のstudentは「学生」という意味とともに「研究する人」という意味もあります。新たな知見を探るという点では学生も研究者も違いはないのです。

　大学では授業の中で発表したり、ペーパーを提出したり、課題に取り組む機会が数多くあります。この章では皆さんが調べた結果をとりまとめ、そこからどのように知見を引き出すか、その手順を具体的な例を示しながら解説します。まず、数量的な情報についてExcelを使って処理する基本的な手法を学び、次に文学作品のような質的な情報を扱う手法を解説します。

一次資料と二次資料

　上で例に示した、日本語の方言分布を発表した学生は方言の解説書を発表の資料に使いました。研究成果を提示し、解説した、このような著作を「二次資料」と言います。それに対し、まだ解釈や解説が行われていない生のデータを「一次資料」と言います。この方言解説書の著者は本を書くため、自分で各地の表現をたんねんに収集し、資料を作成し、方言地図にプロットしたことでしょう。これが一次資料です。方言解説

書のように、ある分野の知識を得ようと私たちが読む本は一般的に二次資料です。そこにはデータも解釈も解説も提示されていて、その分野の到達点を知ることができます。一次資料と二次資料の違いは生データであるか、知見としてすでに解釈、解説が加えられたものであるかということです。

新たな知見を探求しようとして私たちが取り組むのは一次資料です。歴史では古文書、経済では公共機関などが発表する統計などが一次資料にあたります。文学では詩や小説そのものが一次資料です。

一次資料は自分で作ることもできます。たとえば、地面に線を引いて四角い区域をいくつも作り、石を投げ入れながら片足で進んでいく子供の遊びがあります。この名前は地方により、「けんけん」「けんぱ」「けんけんぱ」など様々です。遊びの名前は文化圏をよく表しています。この方面の研究書もあります。遊びの名前の分布をもとに文化圏を特定してみましょう。大学は全国から学生が集まっていますから、これは難しいことではありません。「あなたは小学校時代、この遊びを何と呼んでいましたか」と様々な出身地の人に聞いてまわり、日本地図にプロットしていくと自分で方言分布図を作り上げることができます。これは自分で作成した一次資料です。

数量的な情報の整理―日本に住む外国人居住者を例に

現代の日本は急速に国際化しつつあります。それは日本に居住する外国籍の人の数が増えていることで身近に知ることができます。今、日本は異文化接触の場としてどのような現状にあるのでしょう。その特徴は何なのでしょう。このような疑問に答えるにはどうすればよいのでしょう。

まず一次資料としてのデータが必要です。私たちで集めることができないわけではありません。しかし、授業の課題の一環として行うにはその規模が大きすぎ、データを自分で収集しようとするのは現実的ではありません。幸い、このようなデータは国勢調査により収集され、公開されています。ここでは、総務省統計局が公開している平成12年度国勢調査の結果のうち、［外国人］に関する調査である第37表「全国、都道府県、13大都市」のデータを使ってみましょう。この調査ではすでに都道府県別、国籍別の分析が行われています。しかし、ここではデータ整理の技法を学ぶため、元のデータから目的の資料を作り上げることを通して、情報整理の考え方を学びます。

このような数値的なデータを使う場合はExcelで処理することが多い

でしょう。そこで、この例題ではExcelを使った処理を学びながら、問題解決の方法を解説してみましょう。

データをグラフにして視覚化する

国勢調査の結果である第37表は総務省統計局のサイトからExcel形式のデータとして一般に公開されています。図1はその一部です。ここには全47都道府県と主要都市についての詳細なデータが示されています[1]。

しかし、この一次資料を見ているだけでは何も見えてきません。数字の羅列の中から知見を引き出すのはたやすいことではありません。混沌としたデータから、特徴を探り出したり、目的の情報だけを取り出したりするには情報の整理が必要です。

日本に居住する外国人の国籍にはどのような特徴があるのでしょうか。これを知るため、調査時点で日本に在住していた1,310,545人について、その国籍を調べてみましょう。このような場合、グラフにして視覚化するのが分かりやすい方法です。図2は分かりやすくするため、図1から該当する部分をコピーして新しいExcelの表を作り、国籍別に作り直したものです。

まず、図2に示したExcelのファイルを例に、これをグラフに表示する方法を学びましょう。これは課題1で行う操作を示したものです。

[1] このデータは次に公開されています。また、本書に付属のCD-ROMにも収録してあります。ファイル名はa054.xlsです。
http://www.stat.go.jp/data/kokusei/2000/kihon1/00/hyodai.htm
（総務省統計局平成12年国勢調査第1次基本集計結果（全国結果）統計表）

図1　国勢調査による外国人の数

	地域　男女				総数	韓国, 朝鮮	中国	東南アジア, 南アジア (a)				イギリス
								総数	フィリピン	タイ	その他	
	Area and sex				Total 1)	Korea	China	Total	(b)	Thailand	Others	U.K.
	全		国	Japan	1,310,545	528,904	252,680	181,272	93,352	23,862	64,058	10,073
		男		Male	621,046	248,815	110,358	65,101	16,447	6,474	42,180	6,472
			女	Female	689,499	280,089	142,322	116,171	76,905	17,388	21,878	3,601
'01	北	海	道	Hokkaido	12,446	4,740	3,249	1,420	703	87	630	191
		男		Male	6,055	2,414	1,418	478	72	15	391	119
			女	Female	6,391	2,326	1,831	942	631	72	239	72
'02	青	森	県	Aomori-ken	3,036	1,051	751	544	389	42	113	41
		男		Male	1,264	520	263	104	51	11	42	19
			女	Female	1,772	531	488	440	338	31	71	22
'03	岩	手	県	Iwate-ken	3,840	340	1,529	699	509	27	163	45

図2　出身地別に分類した外国人の数

	A	B	C	D	E	F	G	H	I	J
1	韓国・朝鮮	中国	フィリピン	タイ	その他アジア	イギリス	アメリカ	ブラジル	ペルー	その他
2	528,904	252,680	93,352	23,862	64,058	10,073	38,575	188,190	33,478	61,736

Excelでグラフを作るには次のような手順で行います。
(1) グラフに表示したいセルを範囲指定します。数字だけを指定してもかまいませんが、上では「韓国・朝鮮」「中国」などの名前も一緒に表示するため、A1からJ2までのすべてのセルを選択します。
(2) メニューバーの［挿入］を押して［グラフ］を選択し、「グラフウィザード」を表示します。あるいは標準ツールバーの「グラフウィザード」ボタンを押してもかまいません。
(3) 「グラフウィザード」のウィンドウが現れます。ここで「グラフの種類」から希望のグラフを選び、［次へ］ボタンをクリックします。この例では縦の棒グラフが分かりやすいのですが、ここでは紙面の都合で「横棒」、つまり、横の棒グラフを選びました。［次へ］ボタンを押します。
(4) 「グラフ元のデータ」というのは、どこからどこまでをデータとするか、表示するのかという質問です。(1)ですでにデータの範囲を指定していますので、ここでは改めて指定する必要はありません。［次へ］ボタンを押します。
(5) 「グラフオプション」というのはグラフにどのようなタイトルを付けるか、表を同時に表示するかどうかという指定です。ここでは「国別外国人居住者数」というタイトルを付けましょう。［タイトルとラベル］タブを押して「グラフタイトル」の欄に「国別外国人居住者数」と記入し、［次へ］ボタンを押します。
(6) 「グラフの作成場所」というのは新しいシートにグラフを作るか、ただグラフを表示するだけかという指定です。Wordなどに貼り付ける場合は「オブジェクト」を選ぶといいでしょう。［完了］ボタンを押すとグラフが作られます。
(7) グラフには「系列1」という表示が現れますが、ここをクリックしてDeleteキーを押すと消すことができます。完成したグラフはマウスで四隅をドラッグすると表示のサイズを変えることができます。グラフが小さくて「韓国・朝鮮」「中国」「フィリピン」などの国名が全部表示されない場合はグラフを大きくしてみてください。図3が出来上がったグラフです。

これを見て分かるのは、外国人居住者数で飛び抜けて大きなグループは韓国・朝鮮系の人々、続いて中国系、ブラジル系であることです。アメリカは全体の中ではきわめて少数です。私たちが日本社会の中で異文化接触をする機会が最も多いのはアメリカではなく、実はアジア系、それも韓国・朝鮮系、中国系の人々であることが分かります。データを整理し、視覚化することでそれまで見えてこなかった新しい発見をするこ

●ウィザード　wizard
対話形式で質問に答えていくことで、ソフトウェアなどの設定を簡単に行うことのできる機能。元来は「魔法使い」という意味。魔法のように簡単にできることから。グラフウィザードの質問に答えていくことで簡単にグラフを作ることができる。

●標準ツールバー
Excelを起動した時、ウィンドウの上に横一列に標準的に表示されるアイコンの一覧。Excelの基本的な機能をまとめている。

●オブジェクト　object
コンピュータで操作の対象となるテキストや画像、グラフなど。ここでは出来上がったグラフはオブジェクトとして、コピーや貼り付けなどの操作が可能となる。

図3　Excelで作ったグラフ

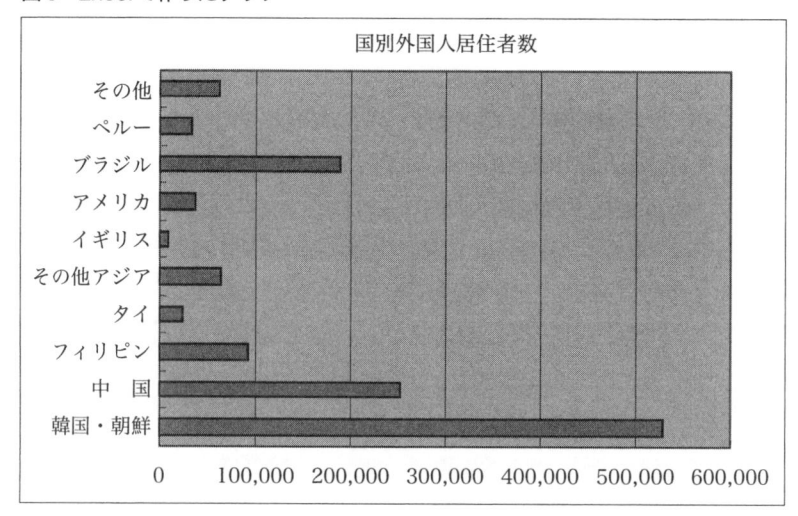

国別外国人居住者数

- 韓国・朝鮮
- 中国
- フィリピン
- タイ
- その他アジア
- イギリス
- アメリカ
- ブラジル
- ペルー
- その他

0　100,000　200,000　300,000　400,000　500,000　600,000

とができます。

◆課題1

　上で例題に示した「国別外国人居住者数」のExcelデータはreidai_1.xlsというファイル名でCD-ROMに収録してあります。パソコンにreidai_1.xlsをコピーし、Excelで開いて、上の手順通りに作業を進め、同じグラフができるかどうか試しなさい。また、縦の棒グラフも作ってみなさい。

データを加工する

　さて、次に47都道府県のうち、外国人との混住が進んでいるのはどの地域かを考えてみましょう。国勢調査のデータ第37表には都道府県別の外国人居住者の数が示されています。これを同じようにグラフにしてはどうでしょうか。しかし、ここで外国人居住者の数をそのままグラフにするのは適当でないことに気がつきます。東京都や大阪府のように人口が多いところは外国人居住者の数も多いはずです。仮に外国人居住者数が一番多い地域が東京都だという結果になっても、それは東京都の全人口が多いことに比例した結果に過ぎません。地域のうち混住が進んでいるということは、地域の総人口に対する外国人居住者の占める割合、たとえば、人口1万人あたり何人の外国人居住者がいるかという視点から考えなければなりません。

　同じ国勢調査には都道府県別の人口を示した第1表も公表されています。そこで、都道府県別に総人口と外国人居住者の数を並べた表を作ってみましょう。第1表と第37表から上に説明したデータだけを取り出し、1つの表にまとめたのが図4です。これらの数字は手で打ち込まな

付属CD-ROM 第9章参照
(reidai_1.xls)

●**アンダーバー** underbar
ここでreidai_1.xlsというファイル名に使われている_はアンダーバーとよばれる。ファイル名には空白を付けない方が望ましい。このため、本来、空白を使うような場合、アンダーバーで代用することが多い。なお、ハイフン（-）とまちがえないように注意。

付属CD-ROM 第9章参照
(a001.xls)

くても、Excelのファイルを開いておいて、マウスで範囲指定をし、コピーして貼り付けることで簡単に作成できます。

B列が外国人居住者数、C列が都道府県別の人口です。D列は今は空ですが、ここに人口1万人あたりの外国人の数を出してみることにします。これはB列の数字をC列の数字で割り、10,000をかければ算出できます。この計算をExcelで行うには関数という機能を使います。たとえば、北海道についてこの計算を行うにはD1のセルに次のように書き込みます。

$$= B1/C1*10000$$

先頭の＝はその後に示した計算式の結果をセルに記入するという意味です。ここではB1の数字である12,446をC1の数字5,683,062で割り、10,000をかけた結果をセルに記入するという意味になります。このようにして47都道府県の数字を出したのが図5です。小数点以下の数字は四捨五入してあります。

●関数 function
$y = ax + b$のような式では「yはxの関数である」という。xの値が決まれば、yの値が定まる。Excelでも、ある値を与えることで別の値が定まる数式を関数という。本文の例ではB1とC1の値を与えると、自動的に1万人あたりの外国人居住者の数が定まる。

◆課題2

上で図4に示したExcelのファイルはCD-ROMにreidai_2.xlsというファイル名で収録されています。パソコンにreidai_2.xlsをコピーし、Excelで開いて、上の手順通りに作業を進め、同じように人口1万人あたりの外国人の数を都道府県ごとに算出しなさい。47都道府県すべてに1つずつ計算式を書き込まなくても、北海道について計算したD1をコピーし、それをD2からD47までのセルに「貼り付け」ると、

付属CD-ROM 第9章参照
(reidai_2.xls)

図4　データを加工する

	A	B	C	D
1	北 海 道	12,446	5,683,062	
2	青 森 県	3,036	1,475,728	
3	岩 手 県	3,840	1,416,180	
4	宮 城 県	10,401	2,365,320	
5	秋 田 県	3,070	1,189,279	

図5　人口1万人あたりの外国人の数

	A	B	C	D
1	北 海 道	12,446	5,683,062	22
2	青 森 県	3,036	1,475,728	21
3	岩 手 県	3,840	1,416,180	27
4	宮 城 県	10,401	2,365,320	44
5	秋 田 県	3,070	1,189,279	26

他の都道府県についてそれぞれ計算式が記入されます。

データを並べ替える

さて、これで人口を同じ基準にそろえておいて外国人の数を都道府県別に比べる用意ができました。しかし、まだ困ったことあります。それは上の表は都道府県別に並んでいるため、どの地域が最も数が多いのか、その次はどこか、とらえるのがめんどうだということです。そこで、表を人口1万人あたりの外国人の数、すなわち列Dを基準にして多いものから少ないものに並べ替えてみましょう。

データを大きなものから小さなものに、小さなものから大きなものに並べ替えるのはデータ解釈における基本的な手法の1つです。データを小さいものから大きなものに並べ替えることを「昇順」、大きなものから小さなものに並べ替えることを「降順」と言います。並べ替えはまたソート（sort）とも言います。データの並べ替えをExcelで行うには次のようにします。

(1) キーとなる項目のセルをクリック
(2) 昇順で並べ替えるには 🔼 をクリック
(3) 降順で並べ替えるには 🔽 をクリック

ここでは人口1万人あたりの外国人の数について大きな数字を先に出したいので降順を指定します。具体的には、D列のセルのどこか1つをまずクリックしておきます。次にツールバーに表示されている 🔽 をクリックします。すると、図6のように並べ替えが行われます。

図6　降順に並べ替える

	A	B	C	D
1	大阪府	170,877	8,805,081	194
2	東京都	212,975	12,064,101	177
3	京都府	45,094	2,644,391	171
4	愛知県	110,298	7,043,300	157
5	長野県	33,278	2,215,168	150

人口比で見た外国人居住者が多い地域の上位10は次のとおりです。

これはなかなかおもしろい結果なので、先に解説した手順でグラフにしてみましょう。その結果が図7です。表で見るよりも直観的に特徴をとらえることができます。

まず分かるのは人口あたりの外国人居住者数は地域の人口には比例していないことです。東京都は大阪府よりも人口がずっと多いのに、外国人の比率では下回っています。京都府は人口では東京都の約5分の1しかありませんが、住んでいる外国人の比率ではほぼ同じです。

表1　人口あたりの外国人数の上位10地域

都道府県	外国人の数	全人口	1万人あたりの外国人の数
大阪府	170,877	8,805,081	194
東京都	212,975	12,064,101	177
京都府	45,094	2,644,391	171
愛知県	110,298	7,043,300	157
長野県	33,278	2,215,168	150
兵庫県	82,861	5,550,574	149
群馬県	28,539	2,024,852	141
滋賀県	18,784	1,342,832	140
静岡県	52,393	3,767,393	139
三重県	23,922	1,857,339	129

図7　降順データをグラフにする

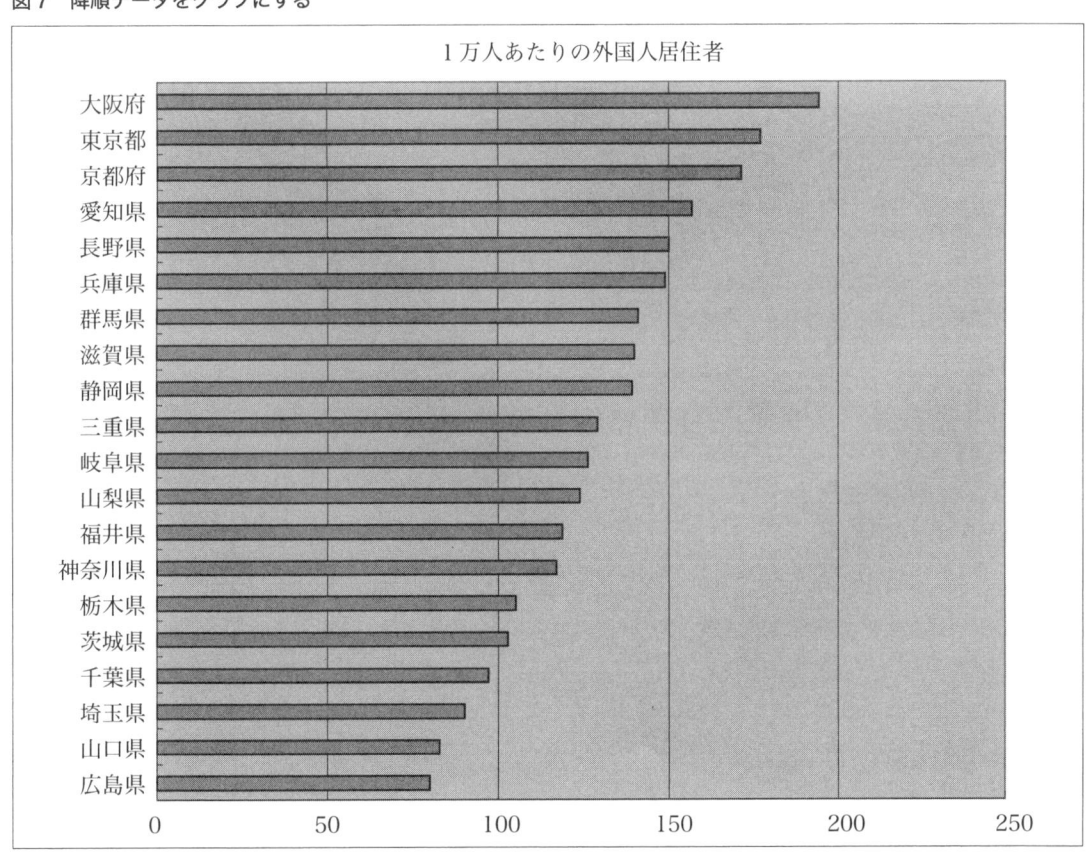

大都市圏をもつ地域以外でも顕著な特徴が見られる地域があります。長野県、群馬県、滋賀県、三重県は人口ほぼ150万から200万前後の中規模県であるにもかかわらず、外国人居住者の比率の高さがきわだっています。大都市圏でないこの地域になぜ外国人が多く住んでいるのでしょう。その出身地とどのようなかかわりがあるのでしょうか。

このようにして一次資料を整理することで新たな知見、発見を探り当てることができます。また、1つ分かれば、新しい次の疑問につながります。これこそ学ぶことの醍醐味であり、楽しみといえましょう。

◆課題3

付属CD-ROM 第9章参照
(reidai_3.xls)

課題2の結果をreidai_3.xlsというファイル名でCD-ROMに収録してあります。パソコンにreidai_3.xlsをコピーし、Excelで開いて、上の手順通りに作業を進め、人口1万人あたりの外国人の数でデータをソートし、上と同じ結果になるかどうか確かめなさい。

◆課題4

付属CD-ROM 第9章参照
(reidai_41.xls)
(reidai_42.xls)

長野県、群馬県、滋賀県、三重県は人口の面で言えば大きな県とは言えないのに総人口に占める外国人居住者の割合が多いということが上で分かりました。では、これらの県は外国人居住者の人口に関して、他の都道府県とどのような違いがあるのでしょうか。CD-ROMには4県の外国籍の人口を表にしたExcelファイルreidai_41.xlsを収録しています。これら4県の外国人居住者の国籍を表またはグラフにして考えてみなさい。結果はreidai_42.xlsに示しています。

質的な情報の整理──『あしながおじさん』を例に

上では国勢調査の結果をもとに数値データを処理することで、日本で暮らす外国人居住者の地域分布に見られる特徴を調べました。社会学や心理学では扱うデータに数値をよく使います。

しかし、学問的な知見は数値データだけから引き出されるわけではありません。文学作品の批評、解釈では作品そのものを読み込むことが作業の中心になります。また、歴史学では史料を読み解くことで研究を行います。ここでは数値情報ではない、質的な情報をもとに情報を整理し、知見を引き出す手法を小説『あしながおじさん』を例に解説してみましょう。『あしながおじさん』（*Daddy-Long-Legs*）はジーン・ウェブスター（Jean Webster 1876-1916）が1912年に発表した小説です。この小説は最初の「ゆううつな水曜日」（Blue Wednesday）以外はす

べて手紙の形式で書かれています。

　主人公のジェルーシャ・アボット（Jerusha Abbott）は両親の顔を知らずに孤児院で育ちました。孤児院は16歳を過ぎると出なければなりません。17歳になったジェルーシャが孤児院を出る日も近づいています。

　その日、孤児院では運営理事による会議が開かれていました。理事会が終わってほどなく、ジェルーシャは院長に呼び出されます。院長の言葉は次のようでした。「理事のひとりがあなたの文才を認め、作家になるよう大学に行く学資を出してくれることになりました。お金は毎月、秘書から送られます。そのお礼に毎月手紙を書きます。宛先は秘書気付、ジョン・スミス様です。その方のお名前はジョン・スミスではありませんが、名前を伏せておきたいとのご希望です。あなたからの手紙に返事はお出しになりません」

　ジェルーシャは院長室に来る時、最後に孤児院を出ていく男性の後ろ姿をちらりと見ていました。背の高い人です。近づいてくる迎えの車のヘッドライトが男性の影を壁に映しだしていました。足が誇張されたように長く壁に映っていました。ジェルーシャはこの人物をDaddy-Long-Legs（足長おじさん）と呼ぶことに決めました。

●**Daddy-Long-Legs**
daddy long-legsとは、脚の長いクモの一種の通称。1919年、この作品がはじめて翻訳されたときの題名は『かとんぼスミス』だった。1933年、岩波文庫から『あしながおぢさん』という題で出版され、以後、この名前が使われている。

　このようにして思いがけなくジェルーシャの4年間の大学生活が始まります。大学でジェルーシャは同級生サリーの叔父ジャービス・ペンドルトンに出会います。サリーの家系は裕福です。叔父とはいっても年齢は30代の半ば。ジェルーシャはジャービスに対する恋心を募らせます。そして、ついにジャービスから求婚を受けます。しかし、孤児院で育った身よりのないジェルーシャは裕福な家柄のジャービスを失望させたくないため、求婚に応えることができません。ジェルーシャは意を決して今では自分の後見人のようになっているあしながおじさんに手紙を書きます。

　この物語はジェルーシャのロマンスの物語です。ジェルーシャがDaddy-Long-Legsと名付けた、決して名前を明かさないこの人物は誰なのか、その謎解きのサスペンス物語でもあります。いわば、恋愛推理小説といった趣です。また、1910年代のアメリカの女子大学での授業の風景、生活がどのようなものであったかを知ることができる点でも興味深いものです。すでに1世紀ほど前に書かれた物語ですが、文章はとても平易で、高校卒業の人なら十分読める英語です。ぜひ英語で読んでみてください。

着想を生かす

　さて、私はある時、この物語を読み返していてふと気がついたことが

あります。この物語は手紙文で構成されていますから、日本語の「拝啓」「敬具」にあたる言葉、頭語、結語がそれぞれの手紙についています。一般に英語の手紙はDear Mr. Smith, のように始めます。また、手紙の締めくくりはSincerely, やSincerely yours, のように書いて次の行に手書きで署名します。その表現が手紙によって違っているのです。

　　たとえば、12月19日付の第7通目の手紙は

　　　　Dear Daddy-Long-Legs,

で始まり、次のように終わっています。

　　　　Yours ever,

　　　　Judy

それからずっと後の手紙では次のように始まります。

　　　　Dear Daddy,

結語は次のようです。

　　　　Yours ever,

　　　　Jerusha Abbott

英語の手紙の頭語、結語は一般に形式的なものです。しかし、人や場面によって使い分ける場合もよくあります。ジェルーシャの手紙の頭語、結語の表現の使い分けは物語の展開上、何か意味があるのでしょうか。

　また、ジェルーシャは4通目の手紙で名前をJerushaからJudyに変えたことをあしながおじさんに伝えています。アメリカでは自分の通称を変えることはよくあることです。ところが、名前を変えた後の手紙であっても、上に挙げた手紙のようにJerushaという元の名前で署名をしているものがあります。JudyとJerushaという名前の使い分けは物語の展開上、何か意味があるのでしょうか。

着想を形あるものに

　どのような研究でも「あれ？」と思う「ひらめき」「着想」から始まります。その着想という種を育て、実を結ばせるのが研究です。ひらめき、着想を得たら、それを形あるものに表すことが大切です。ひらめき、着想は形のないものです。そのままでははかなく消えてしまいます。それを言葉で定着させることが大事です。

　着想を言葉で表すには疑問文の形で提示すると効果的です。先に見た日本社会における外国人居住者を調べた例では、人口統計の表を前に、「日本に居住する外国人で一番多いのはどの国の人だろう」「人口比で最も外国人居住者が多い都道府県はどこだろう」という疑問からデータの整理を始めました。このように研究で解決しようとねらいを定めた目標

をリサーチクエスチョンと言います。日本語では定まった表現はありませんが、「研究設問」と言えばいいでしょうか。

研究設問は上のように具体的に疑問文の形で提示すると効果的です。たとえば、「携帯電話の使用の実態」という抽象的な疑問の設定よりも、「電車の中で携帯電話でメールを送受信する人の割合は年代によって違いがあるか」という研究設問の方が、そこから何をすべきかが見えてきます。毎日の通学の行き帰りに電車の中を観察することがまず思いつきます。あるいは「電車の中で携帯メールを使いますか」という質問票を作り、年代の違う人に答えてもらうこともできます。「小学校国語教科書では時代により、そこに取り上げられる題材に変化は見られるだろうか」という研究設問を立てるなら、押入にしまってある小学校の教科書を探して、今使われている教科書と比べてみることを考えつくことができるでしょう。

ここで例に取り上げた『あしながおじさん』の例では研究設問は次のようになります。

(1) 手紙の頭語、結語の表現は物語の展開と関係があるだろうか。
(2) 手紙の署名のJerushaとJudyという名前の使い分けは物語の展開に関係があるのだろうか。

情報を見やすく提示する

日本語の「分かる」は「分ける」とつながりのある言葉です。「分かる」ということは、混沌としたものを切り分けるということです。先に見た外国人居住者の例でも統計表の数字を切り分け、整理することで、そこに隠れている事柄を探り出しました。

『あしながおじさん』は文学作品ですから、それを考えるのに数値データはなじみません。しかし、研究設問に取り組む手法は同じです。研究設問に従って、情報を見やすく整理して提示し、混沌とした状態から目的の情報を引き出します。このため、まず、手紙の頭語と結語を抜き出してみましょう。表1は最初の手紙10通について日付、頭語、結語をまとめたものです。（抜き出したすべての結果はCD-ROMに収録してあります。ファイル名はdlleg_letters.pdf）

このようにメモの形で情報を整理すると、それまで見えてこなかったものが輪郭をあらわすように見えてきます。この表からは次のことが分かります。

(1) 名前をJerushaからJudyに変えたのは4通目。
(2) 頭語には次のような種類が見られる。
Dear Kind-Trustee-Who-Sends-Orphans-to-College,
Dear Daddy-Long-Legs,

付属CD-ROM第9章参照
(dlleg_letters.pdf)

(3) 結語には次のような種類が見られる。

Yours most respectfully,　　　Yours always,
何も書かない　　　　　　　　Yours ever,
Yours most loquaciously,　　　I have the honour of being,
Your special correspondent from the front,
Yours ever,　　　　　　　　　Yours with love,
Yours, about to be examined,

(4) 名前の書き方には次のような使い分けが見られる。

Jerusha Abbott　　　　　　　Judy Abbott
J. Abbott　　　　　　　　　　Judy

●英語の名前の使い分け
英語ではニックネームを使うといちばんくだけていて、姓名をフルに言うと固い雰囲気になる。ここではJudyがいちばんくだけていて、Jerusha Abbottがいちばん固い表現。

情報を読み解く

さて、研究設問は手紙の頭語、結語、名前の使い分けは物語の展開とどのようにかかわっているかというものでした。これを解き明かすためには上に示した表現の違いと物語の展開をつき合わせて比べていけばいいでしょう。もう一度、小説にざっと目を通しながら、表2のように整

表1　日付、頭語、結語

215 FERGUSSEN HALL September 24th. Dear Kind-Trustee-Who-Sends-Orphans-to-College,	Yours most respectfully, Jerusha Abbott To Mr. Daddy-Long-Legs Smith
October 1st. Dear Daddy-Long-Legs,	Yours always, Jerusha Abbott,
October 10th. Dear Daddy-Long-Legs,	Jerusha Abbott
Wednesday Dear Daddy-Long-Legs,	Yours ever, Judy Abbott（Nee Jerusha.）
October 25th. Dear Daddy-Long-Legs,	Yours most loquaciously, Judy Abbott.
November, 15th. Dear Daddy-Long-Legs,	I have the honour of being, Your special correspondent from the front, J. Abbott.
December 19th. Dear Daddy-Long-Legs,	Yours ever, Judy.
Towards the end of the Christmas vacation. Exact date unknown Dear Daddy-Long-Legs,	Yours with love, Judy.
On the Eve, Dear Daddy-Long-Legs,	Yours, about to be examined, Judy Abbott

理してみます。これは物語の展開が佳境に入った後半近くの部分です。表現と展開を比べながら、気がついたことは★でメモをしてみました。このように整理しておくと、後で何か気がついたときすぐに確認できます。また、何よりも全体の流れをつかむことができます。

　9月30日と3月5日の手紙では署名はJerushaとしています。9月30日の手紙ではあしながおじさんからの「学資は出してあげるので奨学金は辞退しなさい」という指示に対し、「奨学金は辞退したくない」との強い意志を伝えています。3月5日の手紙で、ジェルーシャは大学の学長カイラーが現代の人々に見られる軽薄さについてスピーチをしたことを述べています。ジェルーシャはこのスピーチに感銘を受けたようで、ここから先、改まった文体で手紙を書いています。

　この2つの手紙を比べると、署名にJerushaと書く時は何か特別の場合であることが分かります。あしながおじさんに対して、強い決意で対峙する、あるいは意識して改まった場面を演出しようとする時です。また、他の場面ではあしながおじさんに対して不満を表す時もJerushaという名前で署名しています。

　これで疑問は半分解明されたも同然です。それならば、頭語、結語も同じような理由があって使い分けているに違いありません。そこで、先にまとめた表現一覧と物語の展開の表を比べてみます。上の3月5日の手紙では結びの言葉は次のように固い表現です。

I remain,

Most cordially yours,

Jerusha Abbott

いつもならユーモアたっぷりのジェルーシャはDear Daddy-Long-Legs,で手紙を書き出し、Yours ever, やYours always, という言葉で

表2　物語の展開

9月26日	奨学金辞退をするようにとの指示だが、辞退したくない。
9月30日	奨学金はやはりあきらめたくない。★強い決意／Jerushaと書いている。
11月9日	Julia Pendletonがクリスマスに家に招待してくれた。
12月7日	Founder's danceにJimmy McBrideを招待した。
12月20日	豪華なクリスマス・プレゼントをもらったとまどい。
1月11日	Pendleton家での生活のとまどい／Master Jervisが来たのにふたりで話せなかった悲しさ／自分もMaster Jervisと同じ考え。
日付なし	ファビアンであることの言明
2月11日	試験のため時間を惜しんでいる。★署名は略語。
3月5日	中間試験に無事合格。★改まった表現の手紙。Jerushaと書いている。

締めくくり、Judyという名前で署名します。しかし、あしながおじさんに対し強い決意で臨んだり、不満を表明したりする時には表現も変わるのです。せっかく同級生のサリー・マクブライドから夏休みに家に招待されたのに、あしながおじさんからはロック・ウィロウの農場に向かうよう指示をされる場面があります。ジェルーシャは大いに不満です。しかし、後見人のあしながおじさんの指示にはさからえません。6月9日のその手紙でジェルーシャは次のように書き出しています。

June 9th.
Mr. John Smith,

それまでDear Daddy-Long-Legs,で始まったものが、突然、仮の名前であるMr. John Smithになっています。結語は次のようです。

I hope always to remain,
（Miss）Jerusha Abbott

I hope always to remain, は手紙を締めくくる表現としては固いものです。署名にはJerusha Abbottとフルネームを使っています。これも英語では改まった表現です。さらに（Miss）と付けています。これは初めての人に対して出す手紙で女性が既婚か未婚かを示すのに使います。既知の間柄であるはずのあしながおじさんにあえてこの表現を使っています。つまり、ここでジェルーシャはあしながおじさんに対して意図的に他人行儀な、距離を置いた書き方をすることで、自分の不満を伝えているわけです。

上では『あしながおじさん』を読みながら、ふと頭に浮かんだ疑問、ひらめきをもとに表現を書き出し、物語の展開をメモ風にまとめていきました。このようにすることで、一般には手紙の形式的な表現である頭語や結語、署名が物語の展開、主人公ジェルーシャの気持ちを伝える大きな手がかりであったことが分かります。その目で物語をもう一度読むと、以前よりもさらに深く読み込むことができます。

ここで使った手法は数値データを並べ替えたり、グラフ化したりするということではありませんでした。しかし、疑問を解き明かすため、表現を抜き出し、物語の展開をメモ風にまとめ、2つをつき合わせてみることで、新しい発見につなげました。そのままでは雑然とした世界が情報を整理することで、その構造が見えてきます。数値データであれ、文学作品のような質的データであれ、その手順は異なっていても、情報の整理という考え方ではどちらも変わりありません。そのままでは混沌とした世界でも、情報を整理することできらりと光る新しい知見を引き出すことができます。これこそ学ぶことの楽しみと言えましょう。

◆課題5

新聞は世の中の出来事を伝えます。その意味で新聞は「社会を写す鏡」と言えます。この鏡は世の中をどのように写しているでしょうか。新聞によってその写し方に違いがあるでしょうか。これを調べるため、同じ日の全国紙について、第一面または社会面に取り上げられたニュースを比べてみなさい。全国紙は大学図書館で読むことができます。

（1）ニュースごとに比べた一覧表を作り、同じニュースを伝えているかどうか調べなさい。また、それぞれの記事の面積を平方センチメールで計算し、比べてみなさい。記事の面積が大きいほど大きな扱いをしていると考えられます。ニュースの扱い方に差はありますか。

（2）同じニュースを取り上げていた場合、同じように報道していますか。これを調べるため、同じニュースを取り上げて、報道している内容、報道していない内容について一覧表を作ってみなさい。

■ まとめ

- 二次資料を読むことは理解を深めるには必要なことですが、それをまとめて発表に使ったり、ペーパーに書いたりするのはふさわしくありません。皆さんに求められているのは一次資料を使って、どんなに小さなことでも、そこから新しい知見を引き出すことです。
- 数値データはグラフ化すると特徴がよく分かります。また、データは昇順、降順に並べ替えることで特徴を効果的にとらえることができます。
- 研究には着想、ひらめきが大切です。その着想を形あるものにするため、研究設問として書き出してみると効果的です。
- 質的なデータではメモの形でポイントを書き出していくことで全体のつながり、関連を把握することができます。

参考文献
井上ひさしほか（2002）『井上ひさしと141人の作文教室』新潮文庫
斎藤孝（2004）『原稿用紙10枚を書く力』大和書房
J・ウェブスター／谷川俊太郎訳（2004）『あしながおじさん』理論社
　Jean Webster の *Daddy-Long-Legs* はやさしい英語なので原文でぜひ読んでみてください。いろいろ出ている翻訳のなかで、日本語訳をひとつ選ぶとすると、これ。原文の意味をよく伝えていて、日本語がしっかりしています。
中山茂（2003）『大学生になるきみへ：知的空間入門』岩波ジュニア新書452
矢野直明（2002）『情報編集の技術』岩波アクティブ文庫26

C O L U M N

モールス信号はどうして決められたか

A	・－	J	・－－－	S	・・・
B	－・・・	K	－・－	T	－
C	－・－・	L	・－・・	U	・・－
D	－・・	M	－－	V	・・・－
E	・	N	－・	W	・－－
F	・・－・	O	－－－	X	－・・－
G	－－・	P	・－－・	Y	－・－－
H	・・・・	Q	－－・－	Z	－－・・
I	・・	R	・－・		

　これはモールス信号です。モールス信号は電信を発明したサミュエル・モールスが1835年に開発した通信の仕組みです。上に示したのは現在使われている国際版ですが、モールスが作った符号表とそれほど大きな違いはありません。モールス信号は電気信号のトン（短い音）とツー（長い音）の組み合わせによって表されます。いわば、デジタル通信のさきがけと言えます。

　モールスは英文字をトンとツーの組み合わせで表す着想を得た時、どのような組み合わせをどの字に当てるか考えました。よく使う文字には簡単なコードを当てるのが便利です。さて、英語でいちばんよく使われる文字は何でしょう。その次によく使われる文字は何でしょう。

　これはいわば「研究設問」です。この研究設問に答えるには英語のテキストを何十ページかサンプルとしてとりあげ、そこから文字の数を数えていけばいいでしょう。しかし、モールスはこの疑問に答えるうまい方法を考えました。彼は印刷所に出向き、活字箱に入っている活字の数を数えました。印刷所ではよく使う文字の活字はたくさん用意してあります。つまり、印刷所はどの文字がよく使われるか、経験的に知っているのです。モールスは活字箱の活字を数えることで、よく使われる文字、そうでない文字を知りました。

　英語で使われる文字の頻度は高い順に次のとおりです。

$$e\ t\ a\ o\ i\ n\ s\ r\ h\ l\ d\ c\ u\ m\ f\ p\ g\ w\ y\ b\ v\ k\ x\ j\ q\ z$$

　英語で最もよく使われる文字はeです。このため、モールスは最も簡単な符号・をこれに当てました。これに対し、qやzは英語であまり使われない文字です。このため、ややめんどうな －－・－ をqに、－－・・ をzに当てました。

　「英語でよく使われる文字は何か」、この研究設問に答えるのにモールスは印刷所の活字箱を一次資料として使い、活字を数えることで情報を整理し、知見を引き出したわけです。

第10章

書くことの重要性

石川慎一郎

この章で学習すること

「読む」ことから「書く」ことへ
「読み書きそろばん」の重要性
書くことと教養
ビジネスと文章力

「書く」ことの意味
情報を伝える
分かりやすく書く
相手を説得する

第10章 ● 書くことの重要性

はじめに

　高校までは、既存の知識の吸収に力点が置かれるため、どちらかと言えば「読む」ことが学習の中心になりがちでした。しかし、大学での学習や研究では、自分の考えをまとめて「書く」ことが非常に重要な位置を占めます。

　この章では、「書く」ことの重要性と、上手な文章の書き方について具体的に考えてゆくことにしましょう。

「読む」ことから「書く」ことへ

「読み書きそろばん」の重要性

　「読み書きそろばん」というのはいささか古めかしい言葉ですが、江戸時代の寺子屋の指導目標であったと言われる3点の重要性は今日でもいささかも変わっていません。また、興味深いことに、これらの重要性は洋の東西を問いません。英語でも「3つのR（the three Rs）」、すなわち、スペルにRを含む「読むこと（reading）」「書くこと（writing）」それに「算数（arithmetic）」の重要性がたびたび強調されてきたのです。

　たとえば、米国カンザス州に本拠を置くニュースサイトLawrence Journal-Worldは、「The 3Rs」と題した地域の教育問題特集セクションを組み、昔ながらの「3つのR」こそが人生における「卓越の基礎」（Basics of Excellence）であると強調しています（http://www.ljworld.com/section/3rs）。

　「3つのR」の中では、とくに「書くこと」を苦手とする方が多いようです。日本の大学でも読解や数理処理を巧みにこなす学生は多いですが、「書くこと」を十分にこなせる学生は決して多くありません。それゆえ、大学に入った今こそ、書くことのトレーニングをしっかり積み、文章力を高めてゆく必要があるのです。

書くことと教養

　パソコンの普及に伴い、様々なテーマについてオンラインで議論する「メーリングリスト」や「掲示板」なども増えてきました。ところが、日本では、大部分の人は他人の書き込みを読むだけ、ということになりがちです。

●メーリングリスト
1人が決められた宛先に電子メールを出すと、そのメールが登録されている全員に一斉に配信される仕組み。メーリングリストをうまく活用すれば、メンバーがさまざまな場所にちらばっていても、オンライン上で議論や相談を行うことができます。各自の発言はメールとして文字で記録されるので便利。メーリングリストを無料で作ることのできるサービスとしては、yahooのyahoo groups（http://groups.yahoo.co.jp/）やfree ML（http://www.freeml.com/）などがあります。クラスやクラブの友人とメーリングリストを立ち上げてみてもいいでしょう。メーリングリストは小グループでの情報共有に有益ですが、ネットでの議論は感情的になりやすいので注意して使う必要があります。大人数のメーリングリストの場合は、主催者からの一方通行の告知案内のようになりがちで、メンバー各自の参加意識を維持することが難しいと言われます。

一般に、日本では、頻繁に発言したり書き込みをしたりすることは軽薄な行為であり、じっと人の話を聞いていることが美徳であるという考え方が長くありました。しかし、読者の皆さんには、これがきわめて日本的な「美意識」であることを知っておいていただきたいと思います。

　欧米をはじめ、世界の多くの文化は「言葉の文化」であり、そこでは発言しなければ存在しないのと同じです。頭の中でひそかに考えているだけでは全く評価されません。たとえば学者であれば、研究したことを次々に論文に書き、公表し続けなければ生き残ることができません。"Publish or perish."（「出版せよ、さもなければ滅びよ」）とまで言われています。

　皆さんがこれから出ていこうとする国際的な学術・ビジネスの舞台では、「書くこと」こそが教養の証であり、さらに大げさに言えば、あなたという人間の存在の証明でもあるのです。

ビジネスと文章力

　学者に限らず、ビジネスパーソンにとっても書くことは重要です。たとえば皆さんが会社に入って、新しい企画を思いついたとしましょう。会社では、いくらよいアイデアがあっても1人で勝手に始めることはできません。アイデアを「企画書」にして、上司や同僚の前でプレゼンテーションを行い、アイデアの事業化を正式に認めてもらわなければ、せっかくの思いつきもそのままで終わってしまいます。

　ここで物を言うのは「書く」力です。企画書がきちんと論理的に書かれ、相手を納得させるものでなければ、あなたのアイデアが日の目を見る可能性はほとんどないでしょう。企画書などの社内文書をきちんと書く力は、ビジネスの勝敗を決めることすらあります。

　このように、「書く」ことは現代社会で仕事をする我々全員にとって、避けて通れない重大な課題なのです。

「書く」ことの意味

情報を伝える

　文章とはそもそも何のために書くのでしょうか？　たとえば日記であれば、個人的な雑感を記録するために書くかもしれません。しかし、大学のレポート・報告書・論文、あるいは会社の企画書など、他の人に読まれることを前提にした文章の場合、「情報を伝える」ために書かれる場合が大半です。

●publish or perish
米国などでよく使われる言葉ですが、実際に口に出して発音してみると、二つの単語がともにpで始まりishで終わる音であることに気付きます。英語にはこのように語調をそろえた表現が数多くあり、語頭の音をそろえることを頭韻（alliteration）、語末の音をそろえることを韻（rhyme）と言います。

●ビジネスパーソン
かつては「ビジネスマン」という呼称がふつうでしたが、女性の社会進出をふまえ、最近では、男性を連想させるmanを含まない「ビジネスパースン」という呼称が英語・日本語ともに広まりつつあります。このように、身近な言葉遣いのなかの性差別的要素をなくそうとする発想を「政治的中立性（political correctness）」と言います。

●企画書
会社では企画書を書くことは日常的な仕事です。企画書には、企画会議などに提出する社内用のものと、クライアントに提出する社外用のものがあります。企画書には、提案しようとする企画の趣旨・概要・効果、企画を実施する上で必要になる経費・人員、実施の手順などが簡潔に記されます。最近では紙の企画書だけでなく、パワーポイントなどのプレゼンテーションソフトウェアを用いて企画を発表することも増えています。

情報を伝える文章の典型は新聞記事です。下記は製薬メーカーが抗ガン剤の承認申請を取り下げたことを報じる記事の書き出し部分です。

（1）英製薬大手アストラゼネカは4日、肺がん用抗がん剤イレッサ（一般名・ゲフィチニブ）の欧州での承認申請を取り下げると発表した。昨年12月に中間解析がまとまった世界規模の臨床試験で、延命効果が確認できなかったため。日本や米国など承認済みの国では、イレッサの扱いについて規制当局と協議を続けるという。

（朝日新聞www.asahi.com、2005/1/5）

わずか5行足らずの文章ですが、ここには、いわゆる「5W1H」、つまり、「いつ（when）どこで（where）誰が（who）なにを（what）なぜ（why）どのように（how）行ったのか」に関する情報が効率よく盛り込まれており、読者は容易に情報を共有することができます。

分かりやすく書く

文章というものが原則として人に読んでもらうものであり、その主たる目的が他人に「情報を伝える」ことであるとすると、「分かりやすく書く」ことが重要になります。

「分かりやすい」というと「漢字が少ない」とか「難しい言い回しが少ない」ということだと思われるかもしれませんが、実はこうした要素は「分かりやすさ」のごく一部分にすぎません。平易な言葉でやさしく書かれた文章でも分かりにくい文章というのはあるものです。ある高校生が書いた作文の一部を見てみましょう。

（2）昨日はとても疲れました。遊園地のジェットコースターに乗ったのですが、親友のK君と一緒だったのでそれは良かったんですけれど、連休で乗り場で2時間も待たされてしまったのでとても疲れました。

ここには難しい言葉遣いはまったくありませんが、全体としてはかなり分かりにくいものになっています。この調子で文章が延々と続いてくると、読み手はかなり苦労しそうです。

この文章が読みづらいのは、文章の「論理性」が十分に整理されていないためです。論理性とは「起承転結」がはっきりしていることです。時間的にいえば古い方から新しい方へ、因果関係でいえば原因から結果へと、文章がよどみなく流れている文章が論理的で分かりやすい文章です。

上の文章では、「遊園地に行った」→「2時間並んだ」→「今疲れている」という時間的順序（因果関係）が入り組んでいるため、論理の筋道が見えにくくなっています。たとえば次のように書き換えるとどうでしょうか。

（3）昨日は親友のK君と遊園地に行きました。連休で非常に混んでいたため、ジェットコースター乗り場では2時間も待たされました。だから、とても疲れました。

全体を時間軸に合わせて再配列し、「〜のため」や「だから」などの論理接続詞を加えることで、ずいぶん分かりやすくなりました。
　もちろん、あえて結果を先に書いたり、時間的な順序を入れ替えたりして文章の効果を高めるテクニックも存在するわけですが、まずは、時間と論理の軸をはっきりさせた文章を書くように心がけましょう。

相手を説得する

裏づけのない個人的な思い入れや主張を延々と読まされても、読者はうんざりするだけです。相手を説得するよい文章を書くためには、必要な情報を分かりやすく提示したうえで、情報やデータに基づいた論理的な主張を行うことが重要です。ただ声高に「こう思う、こうすべきだ」と書くのではなく、「……という事実に基づき、私はこう思う」と書いていくことが重要です。
　たとえば、大学に向けて学生食堂の改修を要望する文章を書くとしましょう。下記は一例です。

（4）学生食堂は狭くて汚くて本当に耐えられないからなんとかしてほしい。

この文には、情報も論理も何もありません。ですから、相手を説得する力が全くありません。そのため、いくら繰り返し要望を書いても黙殺されてしまうかもしれません。それに、肝心の主張の中身もあいまいで、食堂の面積を拡張してほしいのか、食堂の美観を整えてほしいのかがはっきりしません。たとえば、主張内容をスペースの拡張に絞って、下記のように書いてみてはどうでしょうか。

（5）現在、本学の学生食堂の面積は約200平米であるが、これでは不足なので、少なくとも500平米に拡張していただきたい。

主張と要望の中身ははっきりしました。しかし、200平米で不足だということは、毎日、混雑を体験している書き手には言うまでもなく分かることであっても、食堂に来ることがめったにない大学の責任者にはぴんと来ないでしょう。ここを改めると次のようになります。

　（6）現在、本学の学生食堂の面積は約200平米であるが、約1000人の学生にとって現状のスペースは不足している。昼食時には常時50人程度が席に座れず立って待っている状況である。この点を改善するため、食堂面積を少なくとも500平米に拡張していただきたい。

　ずいぶんと説得力が出てきました。しかし、限られた予算の中で事業を決定しなければならない大学を動かすには、さらに一押しが必要です。あなた自身が大学の責任者だったら、こういう要望に対してどう思うでしょうか？

　効果的に相手を説得する文章を書くコツは、書き手の自己満足に終わらず、常に読む人の立場に自分を置いて、読み手の気持ちを推測しながら書くことです。この場合、大学の責任者は、近隣の他大学の状況を調べてみようと思うのではないでしょうか？　また、学生の本分である大学での研究・学習にこの問題がどう関係しているか知りたがるのではないでしょうか？　だとすれば、そういう相手の気持ちを予測して、文章の中に先取りしておきます。

　（7）現在、本学の学生数は約1000人であるが、これに対して、学生食堂の面積は約200平米となっている。同程度の学生数を持つ近隣大学の食堂面積は、A大学では600平米、B大学では800平米であり、本学の食堂面積はきわめて小さい。実際、食堂が混雑する昼食時には、常時50人程度が席に座れず、立って待っている状況である。このため、少なからぬ学生が午後の授業に遅れるといった問題も発生している。こうした現状を改善し、学生の総合的学習環境の改善を図るため、食堂面積を少なくとも500平米程度に拡張することをご検討いただきたい。

　具体的な数字を挙げ、近隣大学の例にもふれ、理路整然と論が展開されるこうした要望書を受け取ったら、大学側もきっと本腰をあげて問題を検討することでしょう。情報を正しく伝え、論理的に主張を展開する文章が書けて初めて、相手の気持ちを動かし、相手を説得することが可能になるのです。

■ まとめ

　この章では、書くことの重要性と上手な文章の書き方の基本について考えました。〈「読む」ことから「書く」ことへ〉のセクションでは、研究やビジネスにおける「書く」ことの重要性について、ついで〈「書く」ことの意味〉のセクションでは、物を書くうえで欠かすことができない、情報伝達・分かりやすさ・説得力の要素についてそれぞれ詳しく解説しました。本章で学んだことをうまく生かせば、全員が一流の書き手になれるでしょう。よい文章を書くことは自己表現の重要な鍵です。皆さんの研鑽に期待しています。

◆課題

1. 短い新聞記事を分析し、そこに含まれる情報を抽出してみよう。
2. 身近なテーマについて短いエッセイを書き、友人に批評してもらおう。
3. 複数の新聞記事を取り上げ、文章のうまさを自分なりに評価してみよう。結果を友人と比較し、ディスカッションしてみよう。

COLUMN
書くことの重要性

「小学校作文教育の功罪」

　日本の学校教育で「書く」ことと言えば、すぐに小学校の作文指導が想起されます。皆さんも多くの作文を書き、指導を受けたことでしょう。しかし、小学校での作文指導は、純粋な「書く」ことの教育というよりは、むしろ感性教育・情操教育の一部であるように思われます。

　たとえば、筆者の小学校時代をふりかえってみても、「思ったとおりに書きましょう」「飾らない言葉で素直な感想を書きましょう」「その時の気持ちを思い出して詳しく書きましょう」というような指導はなされても、「この論理接続詞の使い方は不適切である」とか「この段落とこの段落を入れ替えて時系列の流れを明確にしなさい」などの指導を受けた記憶はありません。

　日本の作文教育は、身の回りの出来事についての感想を自由に記すいわゆる「生活綴り方」の延長線上にあります。子供の自由な感性を引き出す上でこうした作文教育に一定の効果があることは事実ですが、一方で、論理的・客観的な文章を書く技術の指導はなおざりにされてきました。

　米国などでは、しっかりした構成に基づき一定量の論説文を書く「エッセイ・ライティング」が早い段階から厳しく指導されています。日本では、一部の高校・予備校が大学受験対策として行っている「小論文指導」を除けば、論理的文章を書くための指導はほとんどなされていません。

　だからこそ、皆さんには大学で積極的に物を書くことに取り組み、しっかりした文章を「書く」力を伸ばしてほしいと思います。

第11章

レポートや論文を書く

石川慎一郎

この章で学習すること

大学生とレポート
レポートの種類
レポートとは何か？
作文からレポートへ

上手なレポートの書き方
課題を正確に理解する
テーマの決め方
書くための準備
資料の収集
引用と剽窃
レポートの分量
読み直しと校正
卒論に向けて

はじめに

大学生になると、「レポート」を書く機会が増えます。また、卒業時に「卒業論文」の執筆が課される場合も少なくありません。本章では、第10章で学んだ内容をふまえながら、各種のレポートを書く場合のポイントについて考えてみることにしましょう。

大学生とレポート

レポートの種類

一般に、大学生が書くレポートには次の3つの種類があります。

［1］授業中に課題として出される小レポート
［2］学期末試験の代わりとなるレポート
［3］卒業論文（あるいはそれに準ずる本格的なレポート）

大学での勉学・研究の中でレポートは大きな位置を占めており、早い時期に正しいレポートの書き方を身につけることが重要になります。以下では、そもそもレポートとは何か、ということから始めて、上手なレポートを書くコツをお話ししていきます。

レポートとは何か？

英語の"report"とは、出来事の報告や報道を意味する言葉です。事件などを追いかける「レポーター」という語はここから生まれました。しかし、大学で「レポート」という場合は、もう少し特別な意味で使います。『広辞苑』の定義を借りれば、大学生にとってのレポートとは「学術研究報告書」のことなのです。

では、大学生のレポートは、小学校や中学校の時に書いた作文や感想文とどう違うのでしょうか？　作文の場合は自らの体験や思いを、感想文の場合は本を読んだ印象を率直に書くことが求められました。しかし、レポートは短くても「学術研究報告書」ですから、自分の気持ちを訴えるだけではなく、調査・研究をふまえた論理的な主張を行うことが重要です。また、レポートは書き方にも一定の約束があります。作文とレポートの違いは次のようにまとめられるでしょう。

● report
身近な英単語のニュアンスを知るときには、英英辞典を引いてみるとよいでしょう。"report"の場合、『コウビルド英英辞典』では"an official document which a group of people issue after investigating a situation or event"と定義され、『ロングマン現代英英辞典』では"a written or spoken description of a situation or event, giving people the information they need"と定義されています。

	作文・感想文	レポート
前　提	体験・読書	調査・研究・分析
内　容	印象的・主観的な感想の陳述	論理的・客観的な主張の構築
構　成	比較的自由	決まった約束に従う

作文からレポートへ

　レポートを書く場合には、作文との違いをしっかりとわきまえる必要があります。ここが分かっていないと、本人はレポートを書いたつもりでも、感想文とみなされ、低い評価しかもらえないことになります。

　下記は、「英語の国際性」というテーマで大学生が書いた文章の一部です。

　(1) 私は英語が好きなので、将来は世界の色々な人と英語で交流したいです。高校の時には短期留学でオーストラリアに行って、現地の人や他の国の留学生と話しました。英語は、世界の色々なところで使われているので、英語ができれば多くの人と意見を交換することができます。英語はイギリス人やアメリカ人だけのものではなく国際的なものだと思います。

　ここには自分の体験や思い込みが述べられているだけで、思いの根拠となる客観的な情報が全く示されていません。これはレポートではなくただの感想文になってしまっています。いくら長く書いたとしても、こうした感想文に高い評価が与えられることはありません。

　上記をきちんとしたレポートとして書くためには、まず、1) 根拠となるデータを調べ、2) 論理的に論を展開し、3) 明確な主張を行う必要があります。たとえば、次のように修正すると、ぐっとレポートらしくなります。

　(2) 英語は本来は英米国民のものであったが、現在ではむしろ国際的なコミュニケーション手段となっている。言語学者のDavid Crystalによれば、英語を母語とする人の数は3億5千万人にすぎないが、公用語として英語を使う人の数は14億人に達するという (*The Cambridge Encyclopedia of Language*, Cambridge University Press, 1987, p. 287)。このことから、我々は英語を国際共通語として捉え直す必要があると考える。

　実は(1)と(2)はどちらも同じことを言っているのですが、2つを比べ

●アウトライン
レポートや論文を書くときに大きなアウトラインを意識するのは重要なことです。Microsoft社のWordを使って執筆する場合、一番上のツールバーの「表示(V)」を選び、「アウトライン(O)」表示モードを選べば、全体のアウトラインを意識した執筆が可能になります。

●David Crystal
1941年生まれの言語学者。英語の歴史、国際語としての英語、消滅に瀕する危機言語など、幅広いテーマの著作があります。*The Cambridge Encyclopedia of Language*(『ケンブリッジ言語事典』)は、英語や言語に関する様々なトピックをわかりやすく説明した定評ある参考図書で、図版も多く入っています。大学の図書館などで一度見てみるとよいでしょう。

てみると、具体的なデータをあげた(2)の方が断然説得力があります。

作文や感想文が読む人を「情緒的に感動させる」ことを主たる目的とするのに対し、レポートは読む人を「論理的に納得させる」ことを最大の目的とするのです。

上手なレポートの書き方

課題を正確に理解する

いよいよ実際にレポートを書くプロセスについて見ていきます。大学では各種の内容のレポートが課されますが、ここでは、教養科目（共通科目）の「環境論」の授業で、夏休み前に次のような課題が出されたとしましょう。

- ●テーマ：現代の環境問題に関して各自の関心あるテーマを選ぶ。
- ●分　量：A4レポート用紙3枚程度。
- ●注　意：引用・参照文献を明記すること。ワープロ使用。
- ●提　出：夏休み明け（※約1か月後）。

最初に、与えられた課題を正確に理解する必要があります。分量がA4で3枚程度ですから、「環境問題とは？」などという大きなテーマは扱えません。指示にあるように、環境関連のさまざまな話題の中から自分が関心のある小さなテーマを決める必要があります。次に「引用・参照文献を明記」とありますから、本などの資料にあたる必要がありそうです。また、提出がおよそ1か月後ですから、時間配分をうまく行う必要もありそうです。こうした点についてしっかり確認し、計画をたてることが重要です。

テーマの決め方

レポート執筆の成否の半分はテーマ決定の段階で決まると言っても過言ではありません。下記は「環境問題」に関して考えられるテーマの例です。

［1］現代の環境問題：日米比較
［2］地球温暖化について
［3］地球温暖化の発生メカニズムについて
［4］地球温暖化問題の行方：京都議定書の批准をめぐって

[5] 地球温暖化問題への対応：家庭でできること
[6] 地域環境保全の方法：A市におけるゴミ分別回収への動き
[7] B市におけるゴミ回収有料化：有料化施策はゴミを減らすか？
[8] 買い物袋持参運動の展開：C生協の取り組みから考える
[9] 大学食堂における割り箸の使用中止をめぐって
[10] 大学生の環境意識：学生アンケート調査の結果から

　もちろん、テーマの設定やそれに基づく執筆の方法にはさまざまな幅があり、どれを選んでも工夫次第でよいものにすることは可能です。しかし、テーマの決定にあたっては次の4点を事前によく考えておきたいものです。
　第1は、分量とテーマの相関性です。[1]～[2]はテーマとしては抽象的ですし、A4用紙3枚で扱うテーマとしては大きすぎます。レポートとなると、（特に文章に覚えのある学生であれば）つい張り切って大きな問題を論じたくなりますが、大切なことは分量との関係です。原稿用紙で100枚を超える卒業論文にはそれにふさわしいテーマがあり、A4数枚の小レポートにもまたそれにふさわしいテーマがあるべきです。今回はA4用紙3枚という制限範囲内である程度中身のある議論ができるテーマを考えたいものです。
　第2は、書き手の関心との合致です。課題だからといって興味のないことをおざなりにまとめるのではなく、たとえ一見興味のない分野の話題であっても、自分の関心のありようとの接点をさぐる工夫も重要です。たとえば温暖化問題を扱う場合、理学部や工学部の学生なら、[3]のようにその発生メカニズムを科学的に調べるという方向が考えられるでしょう。また法学部の学生であれば、[4]のように、二酸化炭素の排出削減を定めた京都議定書をめぐる国際政治の状況を調べるのも面白いでしょう。二酸化炭素の排出権は国家単位で売買することもできます。経済学部の学生なら、この問題を経済的側面から追究することもできます。また、家政学部・生活科学部などの学生であれば、エアコンや冷蔵庫など、身近な家電製品の待機電力の問題と絡めて[5]の観点で書いてみてはどうでしょうか。
　第3は、身近な話題に引き付けるということです。京都議定書も話題として悪くありませんが、皆さんの生活の実感からはまだ遠いのではないでしょうか。与えられた「環境」という問題を、もっと身近な生活のレベルに降ろしてみるのもよい工夫です。
　たとえば、[6]や[7]は大学生になって下宿を始めた学生には重大な関心事のはずです。出身の町と下宿先の町でゴミの出し方に違いはないでしょうか？　あるとすればなぜそのような違いがあるのでしょう？

ごみの量を減らすにはどういう方法（分別、有料化など）が効果的でしょうか？　実際に導入しているところではどのような効果が上がっているでしょうか？　近隣市町ではどのような政策が取られているでしょうか？　それに対する住民の反応はどうでしょうか？　こうした観点を詳しく調べれば非常に興味深いレポートができるはずです。また[8]や[9]も大学生なら取り組みやすいテーマといえるでしょう。

　最後は、読み手の関心を考えるということです。レポート課題の第一の目的は書き手である学生自身の問題への理解と洞察を深めることにありますが、評価されるよいレポートを書くためには、それに加えて、読む人の気持ちを意識することが重要です。

　「環境論」の受講生がたとえば200人であったとすると、教員はあわせて200通のレポートを読むことになります。教員が惹かれるのはほかにはないユニークなレポートです。AさんでもB君でも書けるレポートではなく、あなたにしか書けない独自性を持ったレポートです。たとえば[10]のように、たとえ小規模でも自分自身の調査を行えばレポートの独自性を光らせることができるでしょう。こうしたアプローチは[5]～[9]などのテーマに加えることも可能です。

　以上のようなことを考えてあなただけのテーマをじっくり考えてみましょう。複数のテーマを想定し、そこから最適のものを選ぶ作業は、レポート執筆の重要な一部なのです。

書くための準備

　テーマを決めたら、今度は実際に書くための計画をたてます。今回は1か月間ですから、次ページのような予定表を作るといいでしょう。

　漠然と「1か月でレポートを書く」というのではなく、必要な作業を順に書き出していくことで、完成までのイメージが具体的になります。1つの作業が終わればチェック欄にチェックを入れていきましょう。それぞれの作業が予定以内に終わるよう留意し、万一遅れが出た場合は週末をあてて予定範囲をこなすようにします。

資料の収集

　感想文とは異なり、レポートでは事実とデータに基づき、客観的に議論を進めることが不可欠です。このため、しっかりした資料を参照することが求められます。

　資料収集の方法の1つは文献の検索です。いきなり分厚い専門書を読みこなすのは困難ですから、最初は専門分野の知見を分かりやすく書き下ろした「新書」で大まかな概略をつかむのがよいでしょう。

　主な新書としては、岩波新書（http://www.iwanami.co.jp/hensyu/

時期	作業の概要	作業詳細	チェック欄
1週目	テーマ決定、予定作成	テーマ仮案出し	
		テーマ決定	
		作業予定立案	
2週目	資料収集	関連文献調査	
		関連Webサイト調査	
		資料ノート作成	
3週目	執筆	アウトライン決定	
		下書き執筆	
		書き直し執筆	
4週目	校正・提出準備	読み直し	
		第3者による読み直し	
		課題要件の最終確認	
		提出	

sin/)、講談社現代新書（http://shop.kodansha.jp/bc/books/gendai/)、中公新書（http://www.chuko.co.jp/) などがあり、これらはほとんどの大学図書館や地域の図書館で借り出すことができます。新書で学問分野の概略をつかんだら、その中で紹介されている専門書を興味に応じて順次読み進めていくようにするのがよいでしょう。

　資料調査のもう1つの方法はインターネットを利用することです。検索サイトは各種ありますが、使いやすいのはGoogle（http://www.google.co.jp）です。たとえば環境問題、特にゴミの分別回収についての情報を集めたい時は、検索窓に、「環境　ゴミ　分別」とキーワードを並べて入れていきます（キーワードの間は空白を入れます）。

　上記のキーワードをGoogleで検索すると、瞬時に12万件にも及ぶ情報がヒットします（2004年11月現在）。しかし、すべてのページを読むことは不可能ですし、中には不正確な情報も多数含まれています。インターネット検索はたしかに強力ですが、情報の海に溺れてしまう危険性も持っています。ここで重要になるのが情報の精選です。

　情報を精選するには、政府や役所などが出している公式の文書に限って検索を行うとよいでしょう。一般のインターネットのページはhtml（hypertext markup language）という形式で書かれていますが、公的機関による公式の情報はAdobe社のpdf（portable document format）形式で公開されることがほとんどです。pdfというファイルタイプだけを検索するには、「filetype:pdf」という命令を検索の最後につけます。検索窓に「環境　ゴミ　分別　filetype:pdf」と打ち込んで検索すれば、

信頼性の高い公式文書だけを検索してくれます。この場合ヒット件数は12万件から2万5千件にまで絞り込まれました。

　もう1つの方法は検索語を増やすことです。「環境　ゴミ　分別　地域　行政　住民　ゴミ排出　効果」で検索すれば、pdfに限定しなくても164件に絞り込まれます。自分が扱おうとするテーマを細かく絞り込んだうえで検索をかければ、必要な情報が手に入る可能性は高まるでしょう。

引用と剽窃（ひょうせつ）

　資料集めが終われば、それらを参照・引用しながら、自分の文章を書いていきます。きちんと資料調査をすればするほど、集めた資料は膨大なものになり、その前で途方に暮れるかもしれません。しかし、集めた資料をすべて引用する必要はないのです。資料を吟味して、自分に本当に必要なものだけを引用することが重要です。

　レポートを書く際に、自分の主張と資料引用の割合をどの程度にするかは難しい問題です。自分の考えばかりだと感想文のように見えて説得力が失われ、引用ばかりだと書き手の個性が失われ、「他人の褌(ふんどし)で相撲を取った」ものになってしまいます。

　レポートはあくまでも書き手自身の「学術研究報告書」ですから、その基本には自分の主張が据えられるべきです。書き手自身による内容が7〜9割、それを補完する資料引用が1〜3割というのが一応の目安になるかもしれません。

付属CD-ROM第15章参照

　なお、資料を引用する場合はそのことをきちんと明示しなければなりません（CD-ROM第15章「プレイジャリズム」参照）。自分の文章と人の文章をはっきり区別するために、短い引用の場合は引用部分を「　」でくくり、数行以上の長い引用の場合は地の文から独立させて、前後に1行あけるのが一般的な慣習です。

　下記は、古代ギリシア思想について書いたレポートの一部です。

　（3）藤縄氏も指摘するように、古代ギリシアの神々は、自ら動き廻ることを本質としており、人間を直接に支配し、罰したり恵みを与えたりするためにこそ存在するのであったが、こうした神々のイメージはキリスト教や仏教のものとは質的に異なると思われる。

　これでは、藤縄氏の文と書き手の文の境目がはっきりしません。また、藤縄氏の発言がどこから取られたものかも明記されていません。引用としては不十分です。出典情報を明示し、引用と書き手の文章を区別するには、次のような書き方がよいでしょう。

（4）藤縄氏も指摘するように、古代ギリシアの神々は、「自ら動き廻ることを本質としており、人間を直接に支配し、罰したり恵みを与えたりするためにこそ存在する」ものであった（藤縄謙三、『ギリシア神話の世界観』、新潮社、1971、p. 189）。こうした神々のイメージはキリスト教や仏教のものとは質的に異なると思われる。

このように「　」を使えば、そこが引用部分であり、それ以外が自分の文章であることをはっきりと示すことができます。なお、引用をするときには、つい、前後の自分の文章に合うように引用文の語尾などを修正したくなるものですが、厳密に言えばこれは許されません。「　」で引用する場合、引用箇所については、一字一句、句読点1つも変えずに元のまま引用することが学問上のルールになっています。

なお、引用資料の記載方法については、研究分野によって独自の書式があります。1）著者名、2）図書（論文）名、3）図書（論文）の刊行情報（年月日、出版社など）、4）図書（論文）中での引用箇所（ページ数、章数）などをきちんと調べておいて、担当の先生に引用資料の記載書式について指導をお願いするのがよいでしょう。

上記は本からの引用でしたが、インターネット資料から引用する場合もあると思われます。インターネット資料の場合は、引用の明示にいっそう気をつける必要があります。

インターネット検索を行えば、大量の電子資料に瞬時にアクセスできます。その中から適当な一部を「コピー＆ペースト」して自分のレポートに貼り付ければ、まるで自分が書いたかのように見えます。しかし、これは「剽窃（ひょうせつ）」といって、文章を書く者が決してやってはいけない法的・倫理的なタブーです。他人が書いたものをそれと明示せず、自分の文章にしてしまうことは、他者のアイデアや表現の「窃盗」に他ならず、人の財布を盗むのとまったく同様の行為です。

気づかれないだろう、という気持ちがあるかもしれませんが、レポートを評価する立場の大学の教員は、当該分野の文献や資料を熟知しています。したがって、剽窃は容易に見抜くことができます。剽窃したレポートが評価されることは決してありませんし、場合によっては、試験のカンニングなどと同様に厳しく処分されることもありえます。

レポートの分量

レポートの分量は「このテーマで書くならこのぐらいは必要だろう」という最低限度を教員が判断して指定したものです。したがって、できるかぎり規定分量ぴったりで書くことが望ましいといえます。A4で3枚なら、3枚目の最後の1行まで、原稿用紙10枚なら10枚目の最後の

1マスまでぴったり埋めるのが理想的です。もちろん、実際の筆の運びによって、いつもこううまくいくとは限りませんが、その場合でも「上限値の95％以上」は必ず書くようにしましょう。

最近はワード・プロセッサ（ワープロ）でレポートを書くことが一般的になりつつあります。ワープロを使う際にはページ設定を事前に確認しておきましょう。Microsoft社のWordの場合、標準では「横40字×縦36行」に設定されています。この場合は1ページに最大で1460字が入ることになります。ところが、「横40字×縦40行」の設定であれば、1ページの分量は1600字となって、書くことのできる分量が大きく変わってきます。レポート課題でページ設定が明示されていない場合は事前に確認しておきましょう。

学生のレポートを見ていると、ともかく枚数を多く見せようとして、字数や行数を故意に減らしたものもありますが、多くのレポートを一度に読む教員にはこうした操作は一瞬で分かりますし、そうしたレポートは低く評価されてしまいます。

読み直しと校正

レポートが書けたら、提出前に必ず「読み直し」をしておきましょう。レポートの完成度は、この「読み直し」の段階で大きく左右されます。

1か月以上にわたってさまざまな資料を集め、一生懸命書いてきたレポートですから、書き手である皆さんはもはやその話題について熟知していることでしょう。しかし、熟知しているがゆえに、表現や構成上の問題点を見過ごしている可能性もあります。

できれば、身の回りの他の人に全体を通読してもらうことを勧めます。それが無理なら、完成後しばらく時間をおいて、あなた自身が、内容を知らない白紙の読者になったつもりで、改めて最初から読んでみましょう。

難しい言葉遣いはないでしょうか？　専門用語を定義せずにいい加減に使っているところはないでしょうか？　自分に酔っているようなうわついた言葉遣いはないでしょうか？　資料の提示方法は適切でしょうか？　全体の構成は筋道がきちんと通っているでしょうか？　相手を説得するに足る論理の構成は十分でしょうか？　こうした点を厳しい他人の目で読み直していきます。すると、書いている最中には気付かなかったさまざまな粗が見えてくるはずです。

ワープロでレポートを書いている場合でも、「読み直し」の段階では、一度、紙に印刷してみることが効果的です。コンピュータの画面上では気付かない欠点が紙にするとあらわになるからです。赤ペンなどで気に

なる点にチェックを入れていきます。そしてこれらをふまえて最終的な修正を行います。

以上で内容の「読み直し」は完了しました。最後にやることは表現や字句などの「校正」です。誤字・脱字はもちろん、不適切な言葉遣い（※くだけた口語調の言葉遣いが紛れ込んでいないか特に気をつけて確認してください）や句読点の過不足、改行の適切さなどを順にチェックしていきます。

校正は比較的テクニカルな作業ですので、ワープロ原稿の場合は、ワープロに付属した「文章校正」機能を利用することもできます。Microsoft社のWordを例に操作方法を説明すると、まず、「ツール」＞「オプション」＞「スペルチェックと文書校正」を選びます。画面の右下の「文書のスタイル」のところで、どういう文体を基準にするか選ぶことができます。レポートや卒論などの正式の文章の場合は、「通常の文（校正用）」もしくは「公用文（校正用）」を選んで「OK」を押します（次ページ図参照）。

するとワープロ上の原稿に緑や赤の波線が表示されるはずです。ここで、赤は明らかな誤りと判断される箇所、緑は誤りではないが不適切と判断される箇所です。もちろん、機械による自動分析ですから、おかしな指摘や不適当な指摘もありますが、緑や赤のついた表現を重点的に再確認することで、思わぬ表現ミスを避けることができます。

たとえば、本章では「剽窃（ひょうせつ）」という難しい漢字を使いましたが、それに対してWordは緑のチェックを入れ、「常用漢字表にない字」であることを指摘してくれます（次ページ図参照）。こうした指摘を参考にして、たとえばこの場合だと、ひらがなに直すか、ルビをふるか、あるいはあえて漢字だけにするか、読者層なども念頭に置きながら、書き手が判断していくわけです。こうした地道な校正作業によってレポートの完成度は飛躍的に高まります。

「ぎりぎりに書き上げたレポートによいものはない」―これはレポートを採点する大学教員の共通認識です。規定枚数を書き終え、「よし、できた」と思った段階は、実は文章作成の行程の半ばにすぎません。そこで終わらず、その後に十分な「読み直し」と「校正」を行うことで、皆さんの文章は磨かれ、他者に評価されるものになるのです。

卒論に向けて

大学や学部によっては卒業時に卒業論文の提出を義務付けているところがあります。卒業論文の分量指定はさまざまですが、人文系の日本語卒業論文の場合、400字詰め原稿用紙で30〜50枚（1万2000字〜2万字）程度を指定しているところが多いようです。文学部などでは、

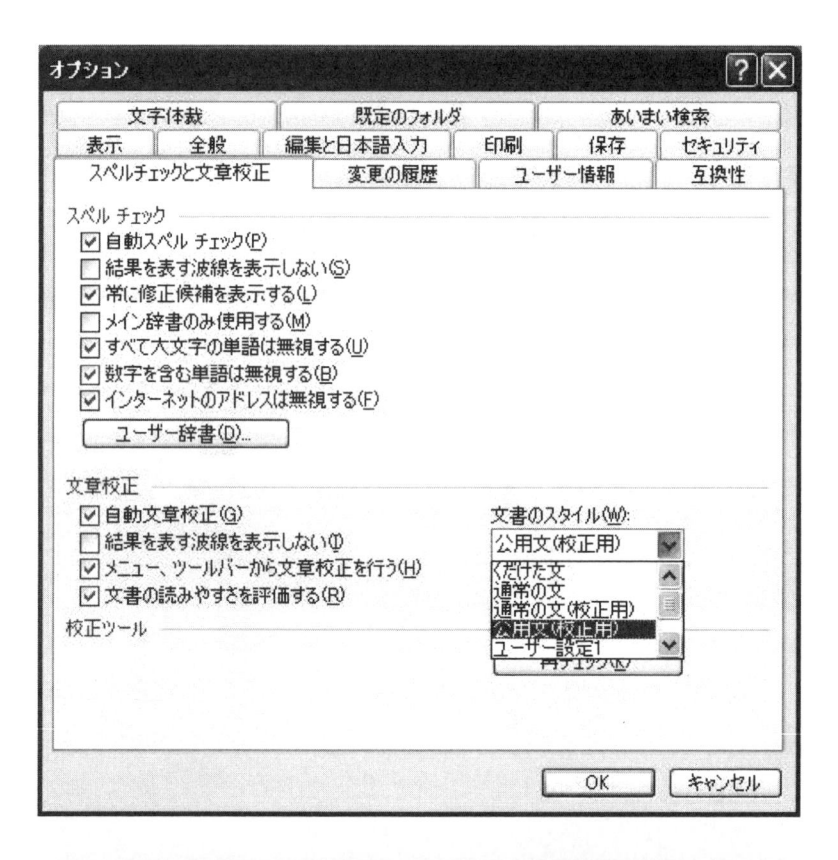

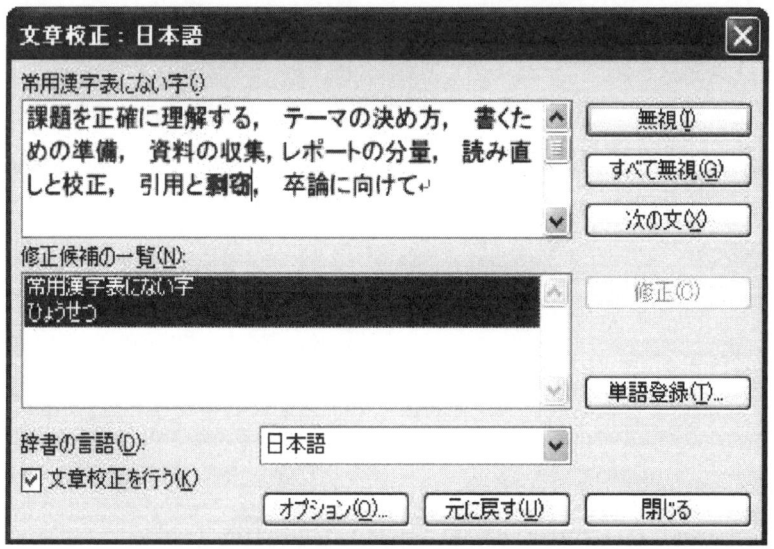

100枚（4万字）以上というところもあります。

　こうした大型論文を書く場合のポイントは、全体の構成やバランスを整えることです。不必要に長く書かれている箇所や、短くて不十分な箇所が混在していては全体として評価される論文にはなりません。

　卒業論文といえば4年生になって書くものと思われがちですが、実は

4年生の1年間は就職活動・学外実習などで思ったほど時間がありません。3年生の冬休みあたりに事前に構成の準備をしておくことがよい卒業論文を書く決め手といえるでしょう。

まとめ

　この章では、レポートや論文を書く際に重要となるポイントを解説してきました。〈大学生とレポート〉の項では、レポートと作文の違いや、説得力のあるレポートについて考えました。〈上手なレポートの書き方〉の項では、課題理解・テーマ決定・計画策定・資料収集・引用・読み直しなど、レポート執筆の具体的手順について詳説しました。

　本章で学んだことをうまく生かせば、きっと、よいレポートや論文が書けるはずです。レポート課題を苦手とする大学生は多いですが、研究の成果と自らの主張を論理的な言葉でまとめあげてゆくレポートは、大学でのあらゆる知的活動の基礎となるべきものです。日々のレポート課題に積極的に取り組む姿勢が求められます。

参考文献
木下是雄（1994）『レポートの組み立て方』ちくま学芸文庫
木下是雄（1981）『理科系の作文技術』中公新書
河野哲也（2002）『レポート・論文の書き方入門』慶応義塾大学出版会
樋口裕一（2002）『やさしい文章術―レポート・論文の書き方』中公新書ラクレ

◆課題

1. 「異文化交流」をテーマにA4で2枚のレポートを書き、友人に批評してもらおう。
2. レポートに付ける表題を5種類考え、友人の意見を聞いてみよう。
3. 自分のレポートをワープロの校正機能にかけ、チェックが入った箇所を調べよう。
4. 身近な新書を取り上げ、他の文献がどのように引用されているか調べてみよう。

> **COLUMN**
>
> ## 「量と質」
>
> 　レポートや論文に限らず、物を書く時にしばしば話題にされるのが「量と質」の問題です。すなわち、凡庸な内容の文章を大量に書くことと、質の高い文章をじっくり時間をかけて少量書くのとではいずれがよいか、ということです。
>
> 　日本語に「書き散らす」という揶揄を含んだ表現がありますが、日本では、古くから大量に書くことをことさらに低く見る傾向がありました。作家でも学者でも、たくさん書くのは中身が薄っぺらな証拠で、寡作こそが上質の証というわけです。
>
> 　しかし、筆者の経験をふまえて言うと、量と質は決して相反する概念ではないように思います。というのも、物を書くことについて言うと、「量をこなすことで初めて質がともなってくる」という部分が確実にあるからです。
>
> 　物を書くということは人に読まれるということであり、それは他者の批判に身をさらすということです。書かなければ批判されることもありません。しかし、批判を受けつつもたくさん書き続けていくことで、その人の書く力は確実に伸び、結果としてそこに質が伴ってくるのです。
>
> 　レポートや卒業論文についても同じことが言えます。最初からいきなり質の高いよい文章が書けるはずなどありません。たくさん書き、批判に謙虚に学ぶことを通して、初めて皆さんは「質量」ともにすぐれた書き手になれるのです。ビジネスや学問の世界では、今、そうした人材が特に強く求められています。

第12章 プレゼンテーション

北尾謙治

この章で学習すること

プレゼンテーションとは？
プレゼンテーションをするための準備
準備を始める前に
プレゼンテーションの準備

プレゼンテーションの実践
発表者の信頼度を高める
聴衆の反響
プレゼンテーションの仕方

はじめに

　我が国では必ずしも雄弁なことが効果的なコミュニケーションをすることにはならず、沈黙の方が結果的には有効なコミュニケーションである場合もよくあります。上手に書くことは重要であっても、上手に話すことはさほど重要だとは思われてきませんでした。それで、学校教育においても話すことは重要視されず、プレゼンテーションの指導は全くされてこなかったと言っても過言ではありません。

　ところが最近個人のアイデアを生かすようなことが企業でも多くされるようになって、自分の考えや企画を会議でプレゼンテーションする機会が増えています。営業の担当者が相手企業の関係者に直接プレゼンテーションをするような機会も増えています。

　大学でもゼミや小規模なクラスでプレゼンテーションをする機会が増えています。しかし、どのようにすれば、効果的な発表ができるかも教えられずに実施されている場合がほとんどです。

　今後の社会ではプレゼンテーションを上手にすることは、より重要になると思われます。大学のみでなく、社会に出てからも必要なプレゼンテーションを身につけましょう。

　ここではプレゼンテーションとは何か、どのように準備して、どのようにすればよいのか。簡単なチェックリストと学習する場合の簡単な自己評価を説明します。

プレゼンテーションとは？

　プレゼンテーションとは、リサーチの結果やプロジェクトの企画などを、文章ではなく口頭で聴衆に発表することで、たんに内容を相手に説明するもの、相手を説得して何かを信じさせたり、何らかの行動をさせるもの、相手を楽しませるための余興的なものなどがあります。情報を伝えるものと説得をするものは重複する要素が多いですが、最終目的は異なっています。

　注意すべきことはレポートや論文のように書き言葉で表現する場合と基本的には同じですが、話し言葉であることと、人前で話すことが大きな違いです。

プレゼンテーションをするための準備

準備を始める前に

準備を始める前に考えるべきことがまずあります。それはプレゼンテーションの目的と聴衆を理解することです。

目的を明確に：具体的な準備を始める前に目的を明確にすることが大切です。これは当たり前のことですが、よく忘れられることでもあります。目的を一文で書いてみることです。この文はプレゼンテーションで使用してもよいし、しなくてもよいのです。しかし、準備の間中この文を始終見て、それに沿って準備を進めることが重要です。決してこれからはずれないようにしてください。

研究成果の発表の目的であれば、研究成果の何を中心に発表するのか。どのように発表するのが最も効果的か、それを聴衆に理解してもらうためには、その理論的な背景をどの程度説明する必要があるか。などを検討しなければなりません。

聴衆の考察：聴衆に発表内容を理解してもらうのが最も重要なことなので、聴衆を理解することはプレゼンテーションでも非常に重要です。聴衆の年齢、性別、すでに知っているレベル、信じていること、社会経済層、何のために発表を聞きに来ているか、何を期待しているかなど、詳しく聴衆を理解することが必要です。

聴衆がよく発表のテーマを知っていればよいですが、知らない場合にはその背景も説明する必要があります。聴衆の期待や関心に合わせた発表をすることも大切です。たとえば言語についての研究成果を発表する場合、語学教師が聴衆であれば、言語教育にどうかかわるかを説明し、理論言語学者の場合は、今までの言語学の研究成果とどのような関係にあるかなどを説明すればよいでしょう。

時には聴衆がどのような人々であるのかがよく分からない状況で話さなければならない場合もあります。このような時には、発表の最初に、聴衆がテーマに関してどの程度知っているかなどを尋ねて、それに合わせた発表をするのもよい方法です。

プレゼンテーションの準備

口頭と書面のプレゼンテーション：口頭発表と論文やレポートのような書面のプレゼンテーションには大きな違いがあります。最も大きな違いは、文章による場合、読者は意味がわからなければ、読み直しができます。しかし、口頭発表では聴衆は聞きっぱなしなので、読者のために

用意された原稿をただ棒読みにするのは効果的ではありません。口頭の場合には、短く簡潔な文で、分かりやすい語彙と表現を使用すべきです。重要なポイントを数個選び、それに集中して話すのが効果的です。話すことはすべて、その重要なポイントと関連するようにします。重要なポイントは一度のみではなく、必要に応じて繰り返すべきです。人は読んでいる時よりも聞いている時の方が重要なポイントを聞き逃しやすいのです。（政治家などが用意した原稿をあたかも話すように読む場合もありますが、これは特殊なスピーチでここでは扱いません。いずれにしても感情もない棒読みのスピーチは効果が低いです。）

数個の重要なポイントに関して必要なことを含め、不要なことを削除して内容を決定していきます。ポイントの順番もどれが有効かをよく検討します。

発表の構成：読むことを想定したレポートにおいても構成は重要ですが、プレゼンテーションの場合の聴衆は聞き直しができないので、口頭の発表は構成がより重要です。一般的な構成は、まずイントロダクション（「序」の部分）で、何について話すかを言います。次に、話したいことを数点にまとめてボディー（「本論」）の部分で話します。最後に、「結論」で何について話したかを言います。つまり、まず、「序論」で聴衆に何に関する発表をするのか、何が主な発表内容か、そして、どれだけの範囲をカバーするかを述べます。次に、「本論」で研究成果の内容と背景を説明します。最後に「結論」と話したことの要点を述べます。この構成は発表全体にも利用できますし、各セクションにも利用できます。

原稿の準備は、まず、本論を書きます。次に結論を書きます。そして、最後にイントロダクションを書きます。結論部分は、主なポイントの要約と、その発表で聴衆に理解して欲しいことを強調します。聴衆は最後に話されたことを最もよく記憶しています。最後にイントロダクションを書くのですが、ここでは、話のトピックを明確にして、聴衆に注意を喚起すること、そして、発表の範囲を明確にします。

発表の内容を明確にするために、分かりやすい例や引用を含むべきです。聴衆を考慮して、どのような例や引用が、その人々の理解の助けになるかを考えます。

研究成果をすべて発表しようなどと考えないでください。聴衆の関心を持つこと、役立つことなどに絞って発表します。聴衆に不要な細かい数字などの表をたくさん示すような発表は避けます。研究の結果が何なのかを強調して、細かいデータの説明にはまり込まないようにします。

原稿の書き方：原稿は紙ではなくカードに書くとよいでしょう。紙に書かれた原稿を読む人がいますが、これは聴衆の目を見ながら話しかけるアイコンタクトを失い、聴衆とのコミュニケーションがとりにくな

ります。カードに、しかも要点のみ書いて、それを見ながら話すようにプレゼンテーションが準備されるとよいのです。時間が不足した場合も、カードの方が重要度の低いことを飛ばしやすい利点もあります。

最近はPowerPointを使用した発表が多くなっています。最初からPowerPointの持つアウトライン機能を使用して原稿を作成していくのも1案です。慣れると非常に作業がしやすく、しかも、原稿ができた段階ですでに発表の準備もできています。PowerPointで、文字の色や大きさを変えたり、図、写真、チャート、グラフなど利用して、目に訴えやすいプレゼンテーションも可能です。

視聴覚資料：口頭発表はすべて口頭のみでしなければならないものではありません。ハンドアウト、OHPやPowerPointを使用するとより効果的になります。アウトライン、要点やチャートやグラフなどを提示すると理解しやすい発表になります。しかし、視覚資料の使用にあたっては、重要なポイントがよく理解できるようにするのが大切で、そのためには注意と工夫が必要です。字の大きさなども部屋の後ろからでも十分に見えるようにするなどの注意が必要です。PowerPointでは、1枚のスライドに多くの文字を入れすぎて、何が重要なのか分からなくしている人が多く目立ちます。内容によっては、ビデオやテープなどの他の視聴覚機器の利用も考えるべきでしょう。

視聴覚機器の利用は、発表をよりよく理解してもらうことが目的で、使用しすぎないように注意することも大事です。中には得意げに種々の視聴覚機器を使用される人もいますが、必要もないのに使用することは、かえって理解しにくくします。発表の時間は限られていて、視聴覚機器の使用は時間を取りますので、気をつける必要があります。準備を十分にして、発表の前にすべての機器が順調に動くかどうか確認しておくことが大切です。

レジュメの作成：最近の動向として、ゼミの口頭発表などでは、レジュメを配布してする場合が多くなってきているようです。レジュメとは発表の要約で、以前からある表やグラフなど発表の内容を理解しやすくするための資料（データ）のハンドアウトとは異なります。発表の要約ですから、発表の内容が決まり、準備ができれば、それほど手間がかからずに準備できます。

レジュメには2つのタイプがあります。1つは、大きな項目に分けて、その項目の要約を文章で書いたものです。もう1つはアウトライン方式で、内容を箇条書きにしたものです。前者を抄録レジュメ、後者をアウトライン・レジュメと名づけます。どちらのレジュメがよいかは一概には言えません。聴衆の立場から内容が分かりやすいのは抄録レジュメですし、発表者として扱いやすいのは、アウトライン・レジュメです。

CD-ROM 第19章
「PowerPointを使用したプレゼンテーション」参照

レジュメを配布して発表をすれば、聴衆はそれを読みながら話を聞くので分かりやすいです。しかし、話の内容を変更しにくくなります。聴衆の反応で自由自在に内容を変更しながら発表するようなことは不可能になります。

　細かい数字などを挙げて説明するような内容であれば、そのデータもあらかじめ配布して、それを利用しながら説明すると理解しやすくなります。それで、このような資料もレジュメに付けておくのがよいでしょう。レジュメの関連場所に入れるのが理解しやすいですが、多くある場合などは、最後にまとめて付けておけばよいでしょう。

　レジュメの分量としては、資料がなければ、A4サイズで、1枚の裏表程度の分量が妥当と思います。資料がある場合は、発表で直接使用するもののみ含めるとよいでしょう。PowerPointのスライドをまとめて印刷したレジュメを最近よく見かけますが、これは確かに作成は非常に簡単ですが、あまり多くのスライドを一挙に印刷しても、読み手にはかえって分かりにくい場合も多いので、読み手に分かりやすいレジュメを作成してください。

　発表に適切な言葉の使用：発表の目的、場所、聴衆などに合う言葉で発表をすることが重要です。フォーマルな発表をするかどうか、専門用語を使用するかどうか、どのような表現が聴衆に合うかどうかなど考慮すべきです。専門家の集団には専門用語を使用するのが理解しやすいし、その分野に詳しくない人たちでは専門用語は理解できないので避けます。

　聴衆参加型の発表：発表によっては、聴衆に質問をしたりして参加させるものもあります。これは特に専門家ではない集団に話すときに有効です。ただ話を聞くのみでなく、参加することにより、よく聞いて、よく理解できるようになります。

　発表の練習：発表の原稿が書きあがれば、練習をすることが大切です。発表の時と同じスピードで練習し、時間を測ることが役立ちます。本番の発表は時間がかかり、最後まで話せなくなることが多々あります。そのような時のために、時間がなくなれば、どこがカットできるかの目安を立てておくことも大切です。大勢の聴衆がいれば、発表は時間がかかります。時間切れにならないように十分に練習をしましょう。自然な姿勢やジェスチャーを確認するために鏡の前で練習するのも役立ちます。友人に聞いてもらって、内容や発表の仕方に関するコメントをしてもらい、自信を持ってよい発表ができるように心がけましょう。

プレゼンテーションの実践

発表者の信頼度を高める

　発表にあたっては、発表者が聴衆から信頼され、発表を聞くに値する人だと信じられることが重要です。このためには、発表者がいかにその発表内容について詳しく知っているか、そのことにいかに関心を持っているか、それについて語る資格があるか、ふさわしい服装をしているか、その発表内容に自信を持って、熱意を持ちながら話しているか、などはその人の信頼度を高めます。

聴衆の反響

　発表の途中で聴衆からの反応に注意している必要があります。話している時に聴衆がどのような顔の表情をしているかを見ていることです。理解しているようであればそのまま続ければよいし、もし、していなければ、ゆっくりと話し、重要なポイントはより明確にする必要があります。もし退屈そうにしていれば、次に進むべきでしょう。

　聴衆は読者のように再度読み直すことはできませんが、話し手にフィードバックを送ることはできます。もし非常にフォーマルな場所でなく、聴衆の人数も少なければ、質問を自由にしてもらうことも可能です。最初に自由に質問するように言っておくとか、話の区切れのところで、質問を受け付けるようなことをすべきでしょう。

プレゼンテーションの仕方

　どのように口頭発表をするかはその内容と同じ程度重要です。ゆっくりと、しかし流暢に、そして明瞭に話さないと聴衆にはよく理解されません。もし緊張してあがっていれば、普段より速く話します。それで、口頭発表の時には、意識してゆっくりと話す必要があります。すべての人が聞けるだけの声の大きさで話す必要がありますが、大きすぎても問題です。声の調子を変えるのは重要なポイントを強調するために重要です。緊張しすぎずにリラックスして立ち、自然なジェスチャーを使用して話します。ジェスチャーと話の内容が一致しなければならないのは言うまでもありません。聴衆の多くの人々とアイコンタクトをとることも重要です。

　話の途中で残り時間も見ながら話します。もし遅れていれば、細かな点をはしょって進みます。早すぎれば、例を増やしたり、質問を尋ねたりして時間を埋めます。

おわりに

　多くの人々は、経験が少ないほど、プレゼンテーションをするのに神経質になります。しかし、聴衆をよく見極め、何について発表するのかを熟考し、発表の構成をうまくして、よく練習し、発表の間聴衆の反応をよく見ていれば、誰でも上手なプレゼンテーションができるようになります。そして、口頭発表をする機会があれば、後で忘れないうちに自己評価と反省をして次回の参考にしましょう。これにより、あなたの口頭発表は相当上手にできるように必ずなります。

まとめ

- 今後の社会ではプレゼンテーションを上手にすることは重要です。
- プレゼンテーションとは、リサーチの結果やプロジェクトの企画などを文章ではなく口頭で聴衆に発表することで、内容を単に相手に説明するもの、相手を説得して何かを信じさせたり、何らかの行動をさせるものなどがあります。
- プレゼンテーションにおいて注意すべきことはレポートや論文のように書き言葉で表現する場合と内容については基本的には同じですが、話し言葉であることと、人前で話す媒介するものと場所の点が大きな違いです。
- 準備を始める前に目的と聴衆を理解することが重要です。
- 聴衆は聞きっぱなしで、繰り返し聞くことができませんので、短かく簡潔な文で、分かりやすい語彙と表現を使用すべきです。重要なポイントを数個選び、それに集中して話すのが効果的です。
- 一般的な構成は、まずイントロダクション（序論）で、何について話すかを言います。次に、話したいことを数点にまとめてボディー（本論）の部分で話します。最後に、結論で何について話したかを言います。
- 発表の内容を明確にするために、分かりやすい例や引用を含むべきです。
- 原稿は紙ではなくカードに書くとよいでしょう。
- ハンドアウト、OHPやPowerPointなどを使用するとより効果的になります。
- 発表の目的、場所、聴衆などに合う言葉で発表をすることが重要です。
- 事前によく練習をすること。
- 発表にあたっては、発表者が聴衆から信頼され、発表を聞くに値する

人だと信じられることが重要です。
- 発表の途中で聴衆からの反応に注意して、内容や仕方を調整する必要があります。
- どのように口頭発表をするかはその内容と同じ程度重要です。

CD-ROM版専用資料
Public Speaking参照

参考文献
Kitao, S. K. & Kitao, K. (2001). *Doing a Presentation on Your Research. Approaches to Social Science Research: Communication and Language Teaching/Learning*. (pp. 174-181) Tokyo: Eichosha.

◆**課題**
1 自己紹介を1、2分でするプレゼンテーションをしましょう。どのように準備をして、実際にプレゼンテーションをしますか。
2 近く国会議員の選挙があります。投票を呼びかけるプレゼンテーションをしましょう。どのように原稿を用意して、どのように実際にプレゼンテーションをしますか。

第12章 プレゼンテーション

プレゼンテーションのチェックリスト

以下はプレゼンテーションの準備と実際にする場合のチェックリストです。

Ⅰ．準備
- A．始める前に
  1. 目的をよく考える
  2. 聴衆をよく考える
- B．準備作業
  1. 口頭表現と文章の表現の違いをよく考える
     - a．文章を短く簡潔にする
     - b．数ポイントに絞る
     - c．重要なポイントは繰り返す
  2. プレゼンテーションの構成をよくする
     - a．イントロダクション（序論）、ボディー（本論）、結論を明確にする
     - b．ボディー（本論）、結論、そして、イントロダクション（序論）の順番に書く
  3. 視聴覚機器を使用したりして、いかに明瞭なプレゼンテーションをするかをよく考える
     - a．視覚資料は一度に多く提示しない方が読みやすく、理解しやすい
     - b．視聴覚資料は注意して選び、多く使用し過ぎないようにする
  4. どのような言語（表現）を発表で使用するかをよく考える
     - a．どの程度のフォーマルさでするか
     - b．どの程度の技能レベルでするか
     - c．聴衆をどのように参加させるかも考慮する
  5. 十分に練習をする
     - a．どの程度のスピードで話せばよいかを考える
     - b．どれだけの時間があるかを考える
     - c．友人に聞いてもらって、コメントしてもらう

Ⅱ．プレゼンテーションの実施
- A．聴衆から信頼されるようにする
- B．聴衆の反応に注意を払う
- C．適切な時に、聴衆に質問を促す
- D．話し方がよいか注意する
  1. 話すスピードに注意を払う（多少ゆっくり目に話す）
  2. 話す時の声の高低と強弱に変化をもたせる
  3. リラックスした姿勢で話す
  4. 自然なジェスチャーをする
  5. アイコンタクトをとる
- E．時間を見計らう

第13章 テストの準備と受け方

島谷 浩

この章で学習すること

大学のテストの重要性

テストの種類や内容

テストの準備と受験
テスト時間割と学習スケジュールの作成
テスト勉強の戦略
テストの準備
テスト受験時の注意
論述問題への取り組み方
テスト後の対応

GPA制度・大学の成績評価改革

はじめに

　日本の大学は、かつてはレジャーランドなどと揶揄されていました。大学入試に合格するためには多くの時間と労力を使うが、いったん入学するとレジャーランドで遊ぶ感覚で大学生活を過ごす学生が実際多くいました。しかし、この「入りにくい」が「出やすい」というかつての常識は崩れつつあります。少子化の影響で、一部の難関校を除くと、大学は決して入りにくいとは言えない状況になってきています。今後は、「入りやすい」が「出にくい」大学が増えていくことでしょう。なぜなら、教育内容が問われていく時代に、社会で必要とされる十分な学力・思考力を身につけぬまま学生を卒業させる大学は、自然淘汰される運命にあるからです。

　現在でも学業不振で留年、中退する学生はかなり存在するのですが、その数は間違いなく増加することでしょう。大学生が勉学に励むという当然のことが普通になっていくのは大変好ましいことと思いますが、それは、相当の意識改革が学生と教員の両方に求められる時代の到来を意味しています。

　本章は、テスト攻略のための魔法のテクニックを伝授するものではありませんが、大学生としてぜひ身につけておいてほしい大学のテストへの心構えと準備の仕方を紹介することを目的として書かれています。

大学のテストの重要性

　大学では単位を取得し、卒業に向かって進級していくわけですが、避けて通ることができないものがテストです。よい成績を残すことのみが大学の学問の目的ではないことは言うまでもないことですが、通過しなければならない関門としてテストが存在するのですから、そのテストのために全力を注ぐのは学生にとって当然のことのはずです。

　確かに、かつては、どの大学を卒業したかが重要であり、大学在学中の成績はそれほど問われなかった時期がありました。しかし、日本の社会構造の急激な変化により、終身雇用制も年功序列制も崩壊しつつあります。一流企業の倒産も珍しくなくなり、実力不足の社員は、躊躇なくリストラの対象となっています。急速に競争社会に向かいつつある日本で、のんびり大学生活を過ごし、「可」ばかりを集めて、ぎりぎりの成績で卒業したとしても将来は厳しいと言わざるをえません。

　大学のテストは、入学試験と違って、受験者の選別を目的としてい

●終身雇用制と年功序列
日本固有の形態であるかという点については、議論のあるところですが、これまでの日本の会社に多かった仕組みであるということは間違いありません。終身雇用制と年功序列のシステムは、日本経済が右肩上がりで、今年よりも来年の方が確実に豊かになると信じることのできた中で、会社員の働く士気を高め、さらに日本経済を発展させた仕組みでした。1990年代後半より、米国型成果主義を導入する企業が急増し、日本型雇用システムは大きな転換点を迎えています。

せん。学習者が、学習目標にどれだけ到達したかを測定し、評価を与える絶対評価です。シラバス等で発表されている学習目標と著しくかけ離れたテストは、大学では考えられないはずですので、学習目標を把握して学習を進めていけば、いい成績は自然とついて来るはずです。短期的であれ、長期的であれ目標に向かって学び、学んだ成果を結実させる喜びを知り、そうする技術を習得できれば、人生の様々な局面できっと役に立つと思います。

テストの種類や内容

　テストには、実に様々な形式・形態があります。読者の皆さんは、今までに多種多様なテストを受けてきて、それらについて多くの知識を持っていることと思います。筆記試験であれば、問題としては、空所補充問題、多肢選択問題、正誤式問題、記述式問題などが頭に浮かぶでしょう。技能が評価される科目では、実技試験が課せられます。コミュニケーション能力の習得が学習目標となってきている英語などは、実際の音声を聞くリスニング・テストや実際に会話能力を測定するための口頭面接試験などが行われることが頻繁になってきています。文系と理系など専攻によっても、テストの問題形式・内容や解答方法などは大きく異なります。このような多種多様なテストのすべてに対応することは、紙幅の制限により残念ながらできません。本章では、筆記試験への対応法を主に取り上げていきます。

　日本の大学で学期末の試験期間に実施されるのが定期テストです。定期テストは、大学のテストの中では、最も重要で単位の取得に大きな影響を及ぼすものです。教授によっては、毎回の授業で小テストを実施したり、予告なしに抜き打ちテストを行ったりすることがあります。また、学期の半ば頃に、中間テストを実施する場合もあります。それぞれのテストには、それぞれ異なる目的があるのですが、大事なことは、テストとは必ずしも測定・評価のためだけの目的ではなく、学習者の学習を望ましい方向へ導く学習支援の目的もあるということです。

　読者の皆さんは、すでに多くのテストを受けてきて、多くの知識を持っているはずと書きましたが、おそらく、論述式テストについては、あまり経験がなく、不安を持っているのではないかと思います。大学の試験の論述問題にどのように答えていいか分からないという声をよく聞きます。大学でのテストの問題形式のほとんどは、論述問題と言っても過言ではないでしょう。そこで、大学の定期テストで課される論述問題を念頭に置いて、その準備方法と受験の際の注意事項を説明していくこと

●シラバス　syllabus
講義の目的、スケジュール、成績評価方法、参考文献など、講義の詳細な情報が網羅されたシラバスが日本の大学に導入されたのは比較的最近のことです。大学教育の自己点検、自己評価の一環として、多くの大学で採用されています。アメリカでは、授業の品質保証書または教師と生徒間の契約書といった意味で作成され、学生から厳しく監視されていますが、日本のシラバスは単なる講義紹介にとどまっているものが多いようです。第3章の「クラスのシラバス」を参照のこと。

にします。

テストの準備と受験

テスト時間割と学習スケジュールの作成

　定期テストの日程が発表されたら、まず自分の履修科目の試験日と会場の確認を行います。科目によっては、通常の授業と異なる時間帯に、異なる教室で実施されることがありますから、正確に試験日と教室を確認する必要があります。高校までと違って、履修科目が友人とほぼ同じというわけではないはずですから、友人任せにせず、自分の目で必ず自分の試験日程を確認してください。残念ながら、試験日や試験時間を間違えて履修を放棄せざるをえなくなるうっかり学生に、毎年必ず1人ぐらい遭遇するものです。

　試験のための復習は、直前になってあわてないですむように、早めに始めます。少なくとも試験の1、2週間前にはコース全体の復習をはじめるべきでしょう。日頃の学習が大事なのは言うまでもありませんが、やはり試験前には、特別の学習スケジュールの作成が必要です。アルバイトなどをやっている人は、早めの調整をして勉強のための時間をしっかりと確保しましょう。試験が近づいているにもかかわらず、アルバイトを断れない気の弱い学生がいますが、自分の本分を忘れてはいけません。

　また、同じ科目を履修している友人と勉強会などを計画するのもよいでしょう。テスト勉強を、効率よく楽しく行うことは、決して悪いことではありません。避けて通れない勉強なら、楽しくやることが長く続く秘訣です。大学で伸びるタイプは、目標を定め、楽しみながら勉強ができる学生です。

テスト勉強の戦略

　テストの得点が、履修科目の成績評価の何％を占めるのかを把握して準備を進めるのは当然ながら大切です。テストが占める割合が半分以下の科目もあれば、成績のすべてが1回のテスト次第の科目もあるでしょう。どの科目のテスト準備により力を注ぐべきかなどは、必然的に決まってくるはずです。これらの情報は、シラバスで公表されたり、授業の最初に教授から発表されるはずですから、よく確認しておく必要があります。

　なかには、履修科目を選択する際に、評価に占めるテスト得点のウエ

	1限	2限	3限	4限	5限
1/20（木）	自然地理 345教室				簿記原理 431教室
1/21（金）				英語ⅡB 1122教室	
1/24（月）			人文地理 441教室		
1/25（火）				英語ⅠB 1162教室	
1/26（水）			統計学 1121教室		
1/27（木）			ミクロ経済学 431教室		
1/28（金）		マクロ経済学 441教室			
1/31（月）					
2/1（火）					
2/2（水）					

●定期試験時間割例
経済学部１年生Ａさんの後期試験時間割です。10日間の試験期間中、Ａさんは８科目の試験を受験しました。後期履修科目は11科目で、試験がなかった３科目は、レポート提出１科目と授業内の課題と平常点で評価される２科目でした。

ートなどを考慮に入れている学生もいるようです。テストにあまり自信がなければ、レポートなどの評価が高い科目を重点的に選んだり、出席が重視される科目を選択しているようです。テストが得意で、テストの比重が大きい科目を中心に履修科目を決めていく学生もいます。自分の個性に合わせて科目を選ぶには十分な情報が必要ですので、公開されているシラバスばかりでなく、先輩のアドバイスなども貴重な情報源となります。

テストに関する情報を集めて楽勝科目ばかりを選択する学生も見受けられますが、興味、関心がない科目では学ぶ意欲はわきません。楽勝科目ばかりを履修して単位を取得したとしても、将来のためには何の意味もなしません。自分が学びたいものを探求するという姿勢が、科目選択の前提条件であり、その上での戦略と解釈してください。

テストの準備

テスト勉強をする際には、まず重点をどこに置くべきかをしっかり把握しておくことが大切です。勉強時間が長いにもかかわらず結果が伴わない人がいますが、ポイントのずれた学習に多くの時間を費やし、無駄

な努力に終わるケースがよく見られます。授業で、教授がテストの予告をする際には、テストで問われることについてかなりヒントが与えられているはずですから、よく注意して聞いておくことが大切です。テストで何が試されるか、教授がテストで何を期待し、何を高く評価するかをよく理解して準備しているか否かは、間違いなく成績に大きな差となって表れます。

試験前の断片的な知識の詰め込みは、ほとんどがすぐに忘れられてしまい、試験後に利用されることはあまりありません。まとまりのない細かい内容をただ記憶することはやめ、最初に、その教科の骨格を把握することにつとめましょう。その後に、主要なポイントを復習することによって、記憶を新たなものとすることができますし、授業で扱われたテーマ間の関係に目を向けることができ、授業全体の理解が深まります。

授業全体の復習に役立つのは、やはり適切に取られた自分の講義ノートです。ノートがきちんと整理されていれば、テスト前になってもそれほどあわてることはないでしょう。効果的な講義ノートの取り方については、本書第4章「ノートの取り方」の中の「講義ノート」をよく読み直して下さい。

友人と勉強会などを結成し一緒に勉強すると、思わぬ情報や意見に出会えて、視野が広がり勉強もずっとはかどります。欠席した授業などのノートを見せ合ったり、有益な情報交換などを通して、互いに助け合うことができます。また、友人と想定問題をつくり、模範解答を作るために知恵を出し合い議論したりすると実に勉強になります。友人を利用するのではなく、信頼関係を築き、お互いに協力しながら学んだ経験は、きっと皆さんの将来の人生に役に立つことと思います。

十分に復習した上で理解できないことがある場合は、教授に直接質問して確認します。真剣に勉強し、質問事項を持ってくる学生を教授はおおいに歓迎するものです。しかし、テストの直前では、教授に会えなかったり、即座に返答がもらえない場合もあります。余裕をもって質問できるようにするためには、早めにテスト準備を進めておくことが大切です。

テスト受験時の注意

いくら万全な準備をしていても、試験当日に力を発揮できないようでは困ります。試験が近づいてきたら、試験の時間帯に頭脳が活発に働くように生活を整えたいものです。通常の学生生活を送っていれば問題ないはずですが、不規則な生活を送りがちな人は、特に注意しましょう。

試験当日には、改めて試験時間、教室を確認し、大学で配布されている定期試験受験心得などをよく読んでおきます。筆者の大学では、試験

開始後20分経過後の入室が禁じられています。遅刻をして受験資格を失わないように余裕を持って学校に向かいましょう。持ち物としては、学生証、筆記用具、時計は必携です。試験場では、携帯電話の電源を切らねばなりませんから、時計代わりの携帯電話の使用はできません。科目で特に持ち込みが許可されたものなどはリストアップしておき、忘れ物をしないように注意してください。試験が始まって問題用紙が配布されたら、まず用紙がすべてそろっているかどうか確認してから、氏名等を記入します。

テスト中には、不正行為と疑われるような不審な動きをしないように注意します。物の貸し借りなど厳禁です。テスト問題を読んで、どうにもならないことを悟った場合は、不正行為などに走らずあきらめて下さい。1科目不合格であっても別に再起不能になるわけでも何でもありません。やり直せばいいのです。しかし、不正行為をして全科目零点で停学処分などを受けたりしたら、立ち直りにかなりの時間を要しますし、立ち直れずに大学を去らざるをえなくなる場合もあります。

論述問題への取り組み方

論述問題は、基本的にはレポートを書くのと同じように書くと考えてよいと思います。レポート作成と違うのは、テスト中は参考文献を参照しながら書けないのと、解答時間とスペースに制限があることです。論述問題に答えるために必要な事項は、すべてあなたの頭の中に記憶されていなければなりません。それらをうまく引き出して、短時間で要領よくまとめる能力が論述問題では問われます。レポートの書き方については、本書第11章中の「上手なレポートの書き方」に詳しく書かれていますのでそちらを参考にして下さい。実際の論述問題に取り組む際の手順は、次のとおりです。

① 試験問題全体に目を通し、各問の解答に要する時間配分を考えます。
② 問題を注意深く読み、何が問われているのか設問の要点を把握します。
③ 1分間程度、書くべき内容について考えます。
④ 自分が論述しようとする事柄、概念などを白紙や余白に書き出します。
⑤ それらを論述する順番を決めます。それぞれ番号をふるだけでけっこうです。
⑥ 採点者が読みやすいように、できるだけ丁寧な字で書きはじめます。

⑦ 最初の段落を書きます。ここは、後に掘り下げる要点を簡潔に紹介する部分で特に重要です。

⑧ 本論を書き始めます。1段落1メイン・アイデアの原則を守り、論旨が明快となるように心がけます。最後の段落に、まとめを簡潔に書きます。

⑨ すべてを書き終わってから読み直し、不足部分があれば補います。誤字・脱字のチェックをし、論旨が通っていない箇所があれば、修正します。

⑩ 解答用紙を提出する際には、必ず学生番号、氏名などを確認します。

「テキスト持ち込み可」のテストは、学生に歓迎される傾向がありますが、実は、最も難問が出題される可能性があるテストです。テスト当日に初めてテキストを読むようでは、時間がまったく足らずよい結果はでません。あくまでもデータ等を参照する程度で、テキストの内容は事前に完全に理解しておかねばなりません。重要なグラフや表、まとめなどの必要な情報は、すぐに参照できるように索引を作って準備しておきます。また、問題がすでに発表されている場合は、解答案を完成させておき、試験中には、それを解答用紙へ清書するようなつもりで書きます。

論述問題に対して、教授が講義で話している内容と明らかにぶつかる意見を書くのは、それなりの勇気と十分な準備が必要です。何を書いてもかまわないと言われていたので、思いっきり対立意見を述べたら、ばっさり落とされたという話をよく聞きます。反対意見を認めない教授の狭量さを非難したくもなりますが、実際は、反対意見に十分な論拠がなかったことが不合格の原因の場合が多いと思われます。教授の講義内容や主張に疑問があるならば、事前に直接質問するべきでしょう。よほど失礼でなければ、教授は喜んで議論の相手をしてくれるでしょう。テストで反対意見をいきなりぶつけても、論拠のない感想にすぎないと解釈された場合、低い評価を受けるのは当然で、かなりの確率で玉砕するようです。ある学生は、論述問題に答える際には、できるだけ教授の講義内容にシンクロさせることを心がけていると言っていました。よほどわざとらしくなければ、好印象を引き出せるでしょう。

論述問題は、授業での指導内容、学習内容にそった形で解答するのが普通ですので、模範解答というものを提示しにくいのですが、具体例として、私のある講義の受講学生の答案を1つの実例として紹介します。私は、教育学部で英語教員養成にかかわっていますが、2年生を対象に開講している「英語科教育演習」という授業の中で、早期英語教育につ

●シンクロ
ギリシャ語の syn-chron, syn-chronisch を語源とする英語を略した和製英語です。シンクロナイズド・スイミングを指す場合がほとんどですが、心理学の分野の言葉に、共時性・同調を意味するシンクロニシティ(synchronicity)があります。本文では、教授の講義内容に沿って論述を組み立てるという意味で「シンクロさせる」を用いた学生の言葉を引用しています。

いて講義を行い、受講者間でその是非について議論してもらいました。現行学習指導要領において、「総合的な学習の時間」を利用して英語活動を小学校で行うことが可能となり、英語活動を実施する公立小学校が急激に増えています。紹介する答案の問題は、「小学校への英語教育導入の利点と問題点を述べなさい。さらに、個人的に早期英語教育に賛成か反対か自分の立場を明確にし、その理由を述べなさい。」というものでした。テストはすべて論述問題で、6問中3問を選択する形で出題されました。特に、字数制限をしていないので、かなり長く書かれた答案もあったのですが、ここでは、コンパクトにまとまった答案を紹介します。

> 　小学校への英語教育導入の利点として、言語を学習、習得するのに最も適している時期は、2、3歳〜12歳頃までであるという意見があり、まだ固定観念や英語への嫌悪など無い小学生という時期に、少しでも英語と触れ合い、慣れておくことは、言語習得において有効だと考えられる。問題点としては、まだ母国語の能力もままならない中で、英語を学ぼうとすることは、母語の習得にも影響を与えてしまうのではないかといったことが挙げられている。
> 　私、個人としては、早期英語教育に賛成の立場である。それは、国際化がますます進んでいく現代の社会において、実践的コミュニケーション能力を育成することが叫ばれており、幼い頃から、国際語と言われる英語に親しんでいくことは、大変有効な言語習得の方法だと考えるからである。私自身、幼い頃、英語の歌をよく聞かせてもらったことや、楽しかった記憶は今でも残っているし、早期英語教育は学習よりも耳慣らしや親しむという観点から良い方法ではないかと思う。その際に、日本語の学びや日本文化への親しみもおろそかになってはならない。（458字）

　上記の答案は、若干説明不足の面も見られますが、意見には根拠が示されており、個人の勝手な感想にはなっていません。論旨も明快でよくまとまっています。実物ではないので分からないでしょうが、丁寧な字できれいに書かれていた点も、採点者に好印象を与えました。

テスト後の対応

　多くの学生は、テストの結果のみに一喜一憂するだけのようですが、テスト後にどういった行動をとるかは、とても大切です。テスト終了後は、二度とテキストやノートを読まないようでは、せっかく学んだことが身につきません。自分の解答を思い返しながら、完璧な解答案を作成してみましょう。このように、試験後に、自己のテスト内容を検討する

ことを習慣化しておくと、次回は同じ間違いをしなくなるので、確実に力がついていきます。テストの答案が返却されるか否か、成績の詳細が個人に報告されるかどうかなどは、現在のところ、大学によって、また教授によってもまちまちのようです。答案が戻ってくるようでしたら、必ず誤答の分析をしてください。

発表された成績の変更はふつう不可能ですが、場合によっては、苦情申し立て期間があり、その期間に採点ミスなどを指摘し、成績を変更してもらう場合も考えられます。まだ日本では一般的とは言えませんが、今後は、このような方向に進むことが予想されます。

不幸にして不合格であった場合には、再試験が受験できるかどうか確認してみます。4年次生の場合は、条件つきで再試験が認められることがありますから、最後まであきらめないようにしましょう。3年次生以下の学生は、必修科目が不合格であった場合は、再履修しなければなりません。再履修科目が増えていくと、通常の科目の履修がしにくくなり、だんだんと孤立していきます。孤独になると、間違いなく卒業しにくくなりますので、再履修科目を増やさないように努めてください。

GPA制度・大学の成績評価改革

最後に、大学の成績評価に関して、最近話題になっているGPA（Grade Point Average）制度について説明しておきます。GPA制度とは、米国において一般的に行われている学生の成績評価方法の一種で、一般的な取扱い例は次の通りです。

① 各科目の成績が5段階（A、B、C、D、F）で評価され、それぞれグレード・ポイント（A＝4、B＝3、C＝2、D＝1、F＝0）が与えられます。この単位あたり平均がGPAです。

② 3セメスター（1年半）連続して、GPAが2.0未満の学生に対しては、退学勧告がなされます。ただし、突然退学勧告がなされるわけではなく、学部長等から学習指導・生活指導等が行われ、それでも学力不振が続いた場合に退学勧告となります。

③ 単位修得はDでも可能ですが、卒業のためには通算のGPAが2.0以上であることが必要とされます。

日本においてもGPA制度の導入を検討している大学があるようです。それらの中には、GPAを退学勧告の基準とする可能性を検討している大学もあるようです。GPAそのものは、すでに国内でも奨学金の交付

●セメスター semester
学校における学期のこと。狭義には二学期制（通例15週から18週からなる）をさす。セメスター制とは、大学などで、ある授業科目を学期ごとに完結させ単位認定を行う制度のことです。短期集中的な学習で履修効果が高まるという点と科目選択の自由度が増す点などが評価され、セメスター制に移行する大学が日本でも増えています。第3章の「クラスの種類」を参照のこと。

基準や学科内のコース選択時の選考資料などとして利用されているのですが、米国のようなGPA制度を日本の大学に導入する際には、成績評価の一貫性や評価の説明責任について十分に検討される必要があります。たとえば、同じ科目でも先生の違いで成績評価に大きな差があったとします。さほど努力をしていない友人がいい成績で、かなり努力をしたにもかかわらず厳しい先生から低い評価を受けたとすると、かなり不公平に感じるはずです。大学の成績自体はそれほど重要視されていなかった時代は、まあ運が悪かったと諦めてしまえたかもしれませんが、大学の成績が重視され、GPAの基準としての価値が高まると、このような評価のぶれは大変大きな問題となります。

　現在、筆者の勤務校でGPA制度が導入されているわけではありませんが、同一科目間の評価のぶれを最小にするために到達目標と評価基準を明確にするための方策を整え、成績評価の説明責任を果たす取り組みを始めています。このように、大学における成績評価の価値と信頼性を高める努力が、教員側にも求められていくわけですが、学生諸君は、評価を受ける側として評価を恐れるばかりではなく、より適正な評価がなされるために説明を求めたり、建設的な意見・要望を提出するなどして、大学での教育評価水準の向上に貢献してほしいと思います。

おわりに

　大学での成績評価は今後改善され、大学の成績の価値・信頼性は高まっていくことと思います。皆さんが卒業し就職する頃には、大学での成績（GPA）は現在よりもずっと重視されているはずです。よい成績を獲得するためには、テストの点がよいだけでは十分ではありませんが、テストの得点が成績の大きなウエートを占めているのは事実です。本章で紹介された心構えと戦略を持って、十分に準備して定期テストにのぞんで下さい。絶対の保証はできませんが、かなりの確率で、どんなテストででも高得点が期待できるはずです。

まとめ

- 成績評価に占めるテストの得点の割合を、シラバス等で確認しておく。選択科目決定の際にも、参考情報として重要。
- 定期テストの日程は、必ず自分で確認し、無理のない学習スケジュールを作成し、早めに準備を始める。
- テスト解答前に、全体の時間配分をおおよそ決めてとりかかる。

- 論述問題は、書き出す前に、概要と書く順番を決めておく。
- 解答を書く際には、採点者が読みやすいように、できるだけ丁寧な字で、要点がよく分かるように書く。
- 「テキスト持ち込み可」の問題には、より周到な準備をする。
- 試験後に、自分の解答内容を必ず検討する。
- 高いGPA維持には、日頃の真面目な勉強が不可欠。

◆課題

1. 現在の受講科目の成績評価に関して、シラバスでどのように記述されているか調べ、テスト得点が評価に占める割合が高い順に並べなさい。
2. ある特定の科目が「テキスト持ち込み可」のテストであったと仮定します。想定問題を作成して、実際に準備すべきことをリストアップしなさい。
3. 今までの取得単位を確認して、現時点の自分のGPAを算出しなさい。GPAの算出方法例：（評点90点以上の単位数×4＋評点80点以上90点未満の単位数×3＋評点70点以上80点未満の単位数×2＋評点60点以上70点未満の単位数×1）÷全取得単位数

参考文献

梶田叡一（2000）『新しい大学教育を創る』 有斐閣

教育改革国民会議第3分科会（2000）第3回会議配布資料7：GPA（Grade Point Average）制度について Retrieved November 11, 2004, from http://www.kantei.go.jp/jp/kyouiku/3bunkakai/dai3/3-3siryou7.html

コーンハウザー、A. W.（著）・エナーソン、D. M.（改訂）・山口栄一（訳）（1995）『大学で勉強する方法』 玉川大学出版部

フライ、R.（著）・金 利光（訳）（1996）『アメリカ式テストでAをとる方法』 東京図書

吉田たかよし（2002）『不可能を可能にする最強の勉強法』 PHP研究所

著者紹介

朝尾 幸次郎（あさお　こうじろう）
立命館大学文学部教授。研究分野は英語・応用言語学。主な著書は『インターネットを活かした英語教育』（共著、大修館書店）、『コンピュータ英語情報辞典』（研究社）など。高等学校英語教科書 Departure: Oral Communication I（大修館書店）編集委員。asao@lt.ritsumei.ac.jp
第9章「情報の整理」

早坂 慶子（はやさか　けいこ）
北星学園大学社会福祉学部教授。学部生対象にCALLを使った英語の授業や、ウェッブを利用した多読指導などを実践している。研究分野は応用言語学で談話分析を研究。目下の関心は英語話し言葉の文法にある。主な著書は English Reduced Forms（共著、三修社）、Basic Practice in English Pronunciation（共著、三修社）など。
hayasaka@hokusei.ac.jp
第5章「大学生のための読解」

石川 慎一郎（いしかわ　しんいちろう）
神戸大学国際コミュニケーションセンター・国際文化学研究科准教授。研究分野は応用言語学。主な著書は、JACET List of 8000 Basic Words（共著、大学英語教育学会）、『ウィズダム英和辞典』（共著、三省堂）、English Corpora Under Japanese Eyes（共著、Rodopi）など。主な訳書（監訳）に H. ジャクソン著『英語辞書学への招待』（大修館書店）ほかがある。
iskwshin@gmail.com
第10章「書くことの重要性」、第11章「レポートや論文を書く」

石川 有香（いしかわ　ゆか）
広島女学院大学大学院博士課程修了、博士（文学）。名古屋工業大学大学院工学研究科社会工学専攻准教授。研究分野は英語教育学・応用言語学。主な著書は、『ティーム・ティーチングの授業』（共著、大修館書店）、『ウィズダム英和辞典』（共著、三省堂）、『英語科授業学の今日的課題』（共著、金星堂）など。ishikawa.yuka@nitech.ac.jp
第3章「大学の学習・研究の実際」

北尾 S. キャスリーン（キタオ　エス・キャスリーン）
ミシガン州立大学コミュニケーション学のMAとPhDを取得。現在、同志社女子大学文学研究科英語英文学専攻・英語英文学科教授。研究分野は英語教育と異文化間コミュニケーション。主な著書は Reading, Schema Theory and Second Language Learners（英潮社）、Theory and Application in English Language Teaching（英潮社）、English Teaching: Theory, Research and Practice（共著、英潮社）、Fundamentals of English Language Teaching（共著、英潮社）、Essentials of English Language Testing（共著、英潮社）。英語テキストや論文を多数出版している。
kkitao@dwc.doshisha.ac.jp
CD-ROM版専用資料

北尾 謙治（きたお　けんじ）
カンザス大学でTESOLの分野でMAとPhDを取得。現在、同志社大学文化情報学部教授。研究分野は英語教育と異文化間コミュニケーション。主な著書は *Internet Resources: ELT, Linguistics, and Communication*（英潮社）、*Intercultural Communication: Between Japan and the United States*（共著、英潮社新社）、*English Teaching: Theory, Research and Practice*（共著、英潮社）、*Approaches to Social Science Research: Communication and Language Teaching/Learning*（共著、英潮社）。英語テキストやeラーニングの教材など多数を出版している。
kkitao@mail.doshisha.ac.jp
第2章「有意義な大学生活と学習・研究」、第4章「ノートの取り方」、第8章「テーマの選び方」、第12章「プレゼンテーション」、付属CD-ROM　第14章「クリティカル・シンキング」、第15章「プレイジャリズム（剽窃）」、第16章「教授と知り合い、指導を受けよう」、第18章「ワープロの有効な利用方法」、「教育者と研究者にとっての著作権とは？」CD-ROM版専用資料

西納 春雄（にしのう　はるお）
同志社大学言語文化教育研究センター准教授。研究分野は中世英文学、人文科学とコンピュータ。1992年から同志社大学でCAI授業を担当。『英語学習のための情報リテラシー』（大修館書店）『英語コーパス言語学』（共著、研究社）、テキストとして *From English to Englishes*（共著、英宝社）などがある。
hnishino@mail.doshisha.ac.jp
第6章「情報収集」、第7章「インターネット」、付属CD-ROM　第17章「パソコンの便利な利用法」

野澤 和典（のざわ　かずのり）
立命館大学情報理工学部および言語教育情報研究科教授。研究分野は英語教育学、教育工学、異文化コミュニケーション。主な著書には、『コンピュータ利用の外国語教育：CAIの動向と実践』（共編、英潮社）、『最新外国語CALLの研究と実践』（コンピュータ利用教育協議会外国語教育研究部会、共編）、テキストとして *CBS News World*（共著、成美堂）などがある。nozawa@is.ritsumei.ac.jp　http://www.ritsumei.ac.jp/is/~nozawa/index.htm/
付属CD-ROM　第19章「PowerPointを使用したプレゼンテーション」

実松 克義（さねまつ　かつよし）
立教大学異文化コミュニケーション学部教授。研究分野は宗教人類学、文明学、及び英語教育学。主な著書に『マヤ文明　聖なる時間の書―現代マヤ・シャーマンとの対話』（現代書林）、『アンデス・シャーマンとの対話―宗教人類学者が見たアンデスの宇宙観』（現代書館）、『アマゾン文明の研究―古代人はいかにして自然との共生をなし遂げたのか』（現代書館）などがある。またこれまでに十数冊の英語テキストを出版している。
ankari@xb4.so-net.ne.jp
http://www.rikkyo.ne.jp/grp/arawak/latina/index.htm
第1章「大学の魅力」

島谷 浩（しまたに　ひろし）
米国ミシガン州立大学大学院でTESOL（外国語としての英語教育）を研究し、MAを取得。現在、熊本大学教育学部准教授。研究分野は、英語教授法（特にCALL）と言語テスト法。外国語教育メディア学会九州・沖縄支部長（2010年4月～）や日本言語テスト学会研究会運営委員長（2003年4月～2005年3月）などを務める。主な著書は、『コンピュータ利用の外国語教育』（共編、英潮社）、『21世紀の英語科教育』（共編・著、開隆堂）などがある。shima@educ.kumamoto-u.ac.jp
第13章「テストの準備と受け方」

広げる知の世界

大学でのまなびのレッスン

発行	2005年5月30日　初版1刷
	2024年5月10日　　　　8刷
定価	1600円+税
著者	朝尾幸次郎、石川慎一郎、石川有香、北尾S.キャスリーン、
	北尾謙治、実松克義、島谷 浩、西納春雄、野澤和典、早坂慶子
発行者	松本功
装丁	中山デザイン事務所
印刷・製本所	株式会社 シナノ
発行所	株式会社 ひつじ書房
	〒112-0011 東京都文京区千石2-1-2 大和ビル2階
	Tel.03-5319-4916　Fax.03-5319-4917
	郵便振替 00120-8-142852
	toiawase@hituzi.co.jp　https://www.hituzi.co.jp/

ISBN4-89476-242-0　C1081　Printed in Japan
ISBN978-4-89476-242-8

造本には充分注意しておりますが、落丁・乱丁などがございましたら、小社かお買上げ書店にておとりかえいたします。ご意見、ご感想など、小社までお寄せ下されば幸いです。

〈刊行書籍のご案内〉

日本語を書くトレーニング

野田尚史・森口稔著
定価 1,000 円＋税
新しい発想にもとづく日本語表現のテキストブック。メールで先生に問い合わせをする、レストランのメニューをわかりやすく直すなど、日常生活に密着した言語活動をサポートするテキスト。このテキストのキモは、相手の気持ちがわかるということはとても難しいということを実感すること。

日本語を話すトレーニング

野田尚史・森口稔著
定価 1,100 円＋税
日本語を話すときに、なるべく効率よく、なるべく相手を不快にさせないで話すにはどうしたらよいか。普通の人があまり上手に話していない音声を聞くことにより考える。自分たちで話したり、他人の発話を聞きながら、自分の話す力をつけていくテキスト。レポートの発表から、就職活動まで大学生の幅広い生活を網羅している。

〈刊行書籍のご案内〉

グループワークで日本語表現力アップ
野田春美・岡村裕美・米田真理子・辻野あらと・藤本真理子・稲葉小由紀著
定価 1,400 円＋税
グループワークを活用した大学初年次向けの文章表現のテキスト。文章表現の基本的な知識や姿勢からレポート執筆まで、豊富な課題で楽しく学び、効果的に習得できる。

失敗から学ぶ大学生のレポート作成法　第 2 版
近藤裕子・由井恭子・春日美穂著
定価 1,600 円＋税
大学初年次を対象としたレポート作成法の定番テキストがリニューアル。学生が失敗しがちな例をあげながら、レポートの書き方を学ぶ。レポートのサンプルや練習問題も掲載。

〈刊行書籍のご案内〉

ピアで学ぶ大学生の日本語表現　第 2 版
プロセス重視のレポート作成
大島弥生・池田玲子・大場理恵子・加納なおみ・高橋淑郎・岩田夏穂著
定価 1,600 円＋税
相手に伝わるレポートの書き方・発表のしかたを身につけるための実践的表現活動をタスク化したテキスト。2005 年の初版刊行後、変化した学生生活に合わせてリニューアル。

ピアで学ぶ大学生・留学生の日本語コミュニケーション
プレゼンテーションとライティング
大島弥生・大場理恵子・岩田夏穂・池田玲子著
定価 1,500 円＋税
大学入学後の初年次教育や入試・編入の小論文指導などに適した活動型教科書。本を批判的に分析するグループワーク等、各課のタスクをピア活動を通じて行う。練習問題も豊富。